Barbara Wendelken

Mo, der Held

Mit Illustrationen von Mo Kast

W0189932

Hase und Igel®

Für Lehrkräfte gibt es zu diesem Buch
ausführliches Begleitmaterial beim Hase und Igel Verlag.

© 2020 Hase und Igel Verlag GmbH, München
www.hase-und-igel.de
Lektorat: Anna Schultes
Satz: Appel Grafik München GmbH
Druck: Grafisches Centrum Cuno GmbH & Co. KG

ISBN 978-3-86316-053-1
2. Auflage 2021

Inhalt

1. Kapitel

Alles über mich

Heute ist Sonntag und draußen allerschönstes Sommerwetter. Die Vögel singen so laut, als wollten sie mich raus in den Garten rufen. Aber ich habe keine Zeit. Ich muss an meinem Schreibtisch hocken. Vor mir liegt das blöde Freundschaftsbuch von Sofie.

Bestimmt hat sie mir das Buch nur gegeben, weil sie neugierig ist. Wenn ich die Seite ausgefüllt habe, wird sie fast alles über mich wissen. Das gefällt mir nicht. Aber was soll ich tun? Die anderen haben schon ihre Geheimnisse verraten und jetzt bin ich dran. Seit Tagen löchert Sofie mich jeden Morgen vor der Schule: „Hallo, Mo, hast du mein Freundschaftsbuch dabei?" Ich kann es nicht mehr hören. Also werde ich es einfach tun. Ich werde in das Buch schreiben.

Fünf Minuten lang kaue ich auf meinem Stift herum. Er schmeckt nach Plastik, bäh. Ich seufze dreimal ganz tief und fange an.

Name:
Morris Dingiswayo Makehle, genannt Mo

Alter:
10 Jahre

Adresse:
Steinstraße 7

Haarfarbe:
Dunkeldunkeldunkelbraun

Augenfarbe:
Dunkeldunkeldunkelbraun

Nach der Hautfarbe wird nicht gefragt. Schade. Dann hätte ich nämlich *Vollmilchschokoladenbraun* schreiben können. Aber eigentlich ist das unwichtig. Sofie weiß ja, wie ich aussehe.

Welches Schulfach magst du am liebsten?
Sport

Sport, was sonst? Jeder weiß, dass Morris Makehle der schnellste Läufer der Klasse ist. Keiner schafft es, mich zu überholen. Nicht mal der blonde Elvis, obwohl der auch ziemlich sportlich ist.

Na ja, Musik hätte ich noch schreiben können. Ich bin sehr musikalisch. Genau wie mein Papa. Der spielt Schlagzeug in einer Band. Ich kann auch richtig gut trommeln. Und singen. So hell und klar wie ein Engel, behauptet meine Mutter. Jedes Mal, wenn ich ihr etwas vorsinge, kriegt sie vor Rührung feuchte Augen. Zum Glück kommt das nicht besonders häufig vor. Meine Mutter fährt nämlich zur See. Als Kapitänin auf großer Fahrt. Deshalb ist sie nie zu Hause. Papa brauche ich nichts vorzusingen.

Ich finde, dass niemand außerhalb der Familie von meiner Glockenstimme wissen muss. Denn Jungs sollen nicht wie Engel singen. Unter gar keinen Umständen. Der blonde Elvis würde sich totlachen. Deshalb schreibe ich lieber nichts über Musik in Sofies Freundschaftsbuch.

Welches Schulfach magst du nicht?
Deutsch und Mathe

Alle Fächer, die mit Stillsitzen, Zuhören und Schönschreiben zu tun haben, finde ich ätzend. Und wenn In-Freundschaftsbücher-Schreiben ein Schulfach wäre, würde mir das auch nicht gefallen.

Was willst du mal werden?
Held

Bei dieser Frage brauche ich ausnahmsweise nicht eine Sekunde zu überlegen. Helden sind stark, tapfer und mutig. Sie trauen sich einfach alles. Helden retten die Welt und am Ende heiraten sie die schönste Frau von allen. Jeder blickt zu ihnen auf. Genau so stelle ich mir meine Zukunft vor. Also schreibe ich *Held*. Und das finde ich ganz schön mutig von mir. Ist ja wohl klar, dass der blonde Elvis, falls er das Buch in die Finger kriegt, mich für den Rest meines Lebens damit ärgern wird.

Deine Lieblingsband:
Sun of Africa

So heißt die Band, in der mein Papa Schlagzeug spielt. Der Name bedeutet „Sonne von Afrika". Mein Vater kommt aus Kenia, genau wie Bobby, sein Kumpel, der Gitarre spielt. Die anderen sind Deutsche. Peter und Daniel, einer spielt Bass, der andere Keyboard.

Dein Lieblingsfilm:
?

Dazu fällt mir nichts ein. Darum male ich einfach ein Fragezeichen.

Deine Lieblingsfarbe:
Gold

Wozu braucht man eine Lieblingsfarbe? Das kapier ich nicht. Zuerst will ich *Kunterbunt* schreiben, weil ich alle Farben mag. Aber dann entscheide ich mich für Gold, obwohl das gar nicht stimmt. Zwei Fragezeichen untereinander, da würde Sofie sicher denken, dass ich keine Lust zum Nachdenken hatte. Und Gold klingt wenigstens besonders. Alle anderen Jungen mögen scheinbar Blau oder Grün.

Mir gefällt Rot besser. Das liegt an meinem Lieblingsshirt: Es ist leuchtend tomatenrot und vorn steht ganz groß *HELD* drauf. Aber Rot ist nun einmal eine Mädchenfarbe. Darum muss ich an dieser Stelle ein bisschen schwindeln.

Dein Lieblingstier:
Hund

Dein Lieblingsessen:
Vanilleeis mit Erdbeersoße

Jetzt fehlt nur noch ein Bild. In meiner Schreibtischschublade finde ich ein Foto vom letzten Karneval. Darauf trage ich mein Lieblingsshirt und einen großen schwarzen Schlapphut. Auf dem Bild sehe ich ziemlich lässig aus, wie ein echter Held. Das passt.

Name:

Morris Dingisunayo
Makehle, genannt Mo

Alter:

10 Jahre

Adresse:

Steinstraße 7

Haarfarbe:

Durkeldunkeldunkelbraun

Augenfarbe: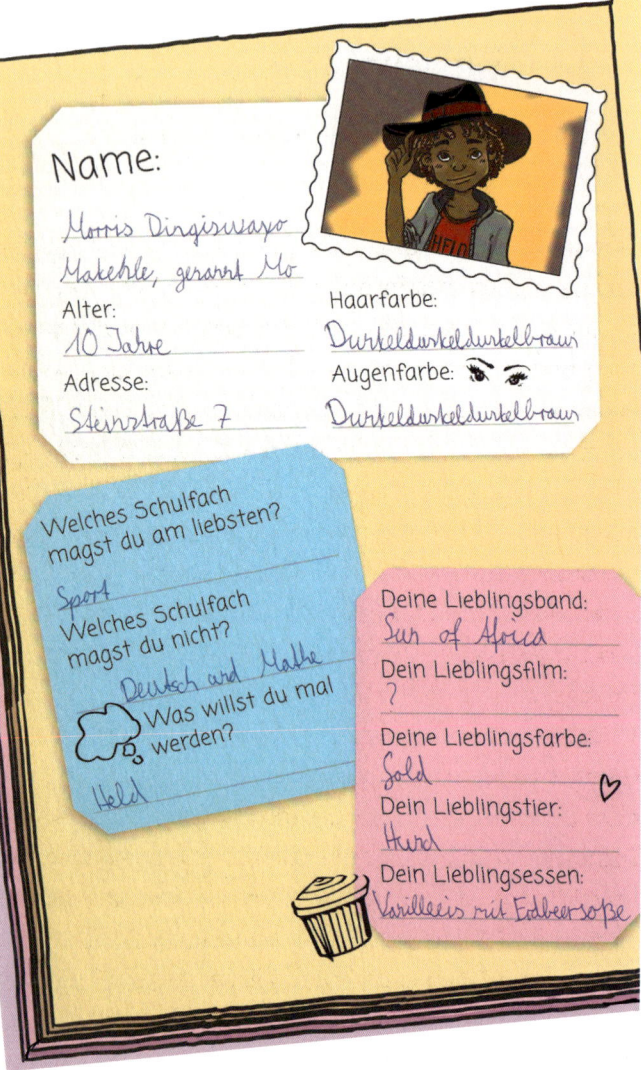

Durkeldunkeldunkelbraun

Welches Schulfach
magst du am liebsten?

Sport

Welches Schulfach
magst du nicht?

Deutsch und Mathe

Was willst du mal
werden?

Held

Deine Lieblingsband:

Sun of Africa

Dein Lieblingsfilm:

?

Deine Lieblingsfarbe:

Gold

Dein Lieblingstier:

Hund

Dein Lieblingsessen:

Vanilleeis mit Erdbeersoße

2. Kapitel

Ein ganz normaler Tag

Wenn ich ehrlich bin, habe ich Sofies Freundschaftsbuch aus einem bestimmten Grund mit nach Hause ge-
nommen. Ich bin neugierig. Mindestens so neugierig wie
Sofie und ihre beste Freundin Marie zusammen. Vor mir
haben schon andere Kinder aus der Klasse in das Buch
geschrieben. Auch der blonde Elvis hat sich verewigt.
Jetzt weiß ich, dass mein größter Feind am liebsten Frikadellen isst. Frikadellen mit Senf. Das passt. Aber mich
interessiert nur Lilli. Ich will unbedingt mehr über sie erfahren. Am liebsten möchte ich alles wissen, was es über
sie zu wissen gibt. Ohne dass die anderen etwas davon
mitkriegen.

Lilli geht erst seit ein paar Wochen in meine Klasse
und bislang habe ich noch kein Wort mit ihr gesprochen. Dafür habe ich aber schon tausendmal von ihr
geträumt. Vielleicht waren es auch nur siebzehnmal –
ich will ja nicht übertreiben. Mit klopfendem Herzen
schlage ich die Seite auf, die Lilli ausgefüllt hat. Wie
schön sie schreiben kann. Ganz gleichmäßig, mit runden
Buchstaben und i-Punkten, die wie Seifenblasen über
den Wörtern schweben.

Lilli wohnt in derselben Straße wie ich: Steinstraße 77. Ich kann es kaum glauben. Warum habe ich sie außerhalb der Schule noch nie getroffen? Die nächsten Punkte überspringe ich einfach. Wie Lilli aussieht, weiß ich ja selbst: wunderschön. Lillis Lieblingsfach ist Kunst, Sport mag sie nicht. Sie will später Kinderbuch-Malerin werden. Das passt zu ihr, finde ich. Ein Mädchen wie Lilli wird bestimmt tolle Bilder malen, mit Blumen und Vögeln und kleinen Elfen. Da bin ich mir sicher. Keine Lieblingsband, kein Lieblingsfilm. Lieblingsfarbe: Weiß, Lieblingstier: Schmetterling, Lieblingsessen: Milchreis. Das Foto, das Lilli eingeklebt hat, würde ich am liebsten rausreißen und behalten. Geht natürlich nicht.

Vielleicht sollte ich Lilli mal beschreiben. Ihr Haar ist hellblond, fast weiß. Sie ist unglaublich klein und unglaublich dünn. Vermutlich könnte ein heftiger Sturm sie einfach fortpusten. Lilli sagt nie ein Wort. Sie bewegt sich auch kaum. Selten, aber wirklich ganz selten lächelt sie. Für mich ist das, als ob mitten im Winter eine Blume blüht.

Im Klassenraum sitzt Lilli neben Diana. Die redet pausenlos. Da fällt es gar nicht weiter auf, dass Lilli nie etwas sagt. Weil sie zudem noch so klein und dünn ist, vergisst man leicht, dass sie da ist. Ich natürlich nicht, aber die anderen.

Ich wache fünf Minuten vor dem Weckerklingeln auf. Mein erster Blick geht zum Fenster. Die Sonne scheint und auf dem knallblauen Himmel entdecke ich ein paar Wattewölkchen, genau vier Stück. Sie sehen aus wie angeklebt. Irgendwo trillert ein Vogel. Ich finde, das ist ein ziemlich guter Anfang für einen Montag. Montage mag ich nämlich eigentlich nicht so gern. Warum ist ja wohl klar: Weil montags das schöne Wochenende vorbei ist. Ich wette, alle Schulkinder hassen Montage.

„Mo?", ruft Papa aus der Küche. „Bist du wach?"

„Ja." Mehr als ein Wort, manchmal auch zwei, bringe ich vor dem Frühstück nicht raus. Aber das kennt Papa schon. Und es stört ihn überhaupt nicht, weil er ebenfalls ein Morgenschweiger ist. Wir beide können ewig am Küchentisch sitzen und uns fröhlich anschweigen.

Zum Frühstück gibt es Brötchen mit ganz viel Räucherlachs. Wir essen jeden Tag Fisch: morgens, mittags und abends. Zum einen, weil Fisch gesund ist. Sehr gesund. Zum anderen, weil meinem Vater ein Fischladen mit Imbiss gehört.

Wie üblich ist meine Mutter nicht da. Sie arbeitet als Kapitänin auf einem großen Frachtschiff. Dort hat sie auch den Schiffskoch Jim Makehle aus Kenia kennengelernt, meinen Vater. Die beiden haben sich ineinander verliebt, geheiratet und ein Baby bekommen. Mich: Morris Dingiswayo Makehle, kurz Mo. Oder Bärchen, so nennt Mama mich immer. Peinlich, was?

Nach meiner Geburt beschlossen meine Eltern, an Land zu bleiben. Sie kauften ein kleines Haus und eröffneten ein Fischgeschäft mit angeschlossenem Imbiss. Doch schon bald kriegte Mama Fernweh. Das Wasser fehlte ihr, das Rauschen der Wellen, das Schreien der Möwen, die grenzenlose Weite. Vielleicht auch das Rumkommandieren. Ein Kapitän darf nämlich alles bestimmen, was auf dem Schiff passiert. Die anderen müssen gehorchen. Als Mama es kaum noch aushielt, wurde sie richtig krank. Sie konnte nicht mehr schlafen und wurde furchtbar dünn. Da sagte Papa, dass sie wieder als Kapitänin anheuern sollte. Und dass er das mit dem kleinen Mo und dem Fischladen auch allein schaffen würde. Damals war ich ein Jahr alt.

Inzwischen sind neun Jahre vergangen und ich kann mich nicht erinnern, dass meine Mutter mal länger als ein paar Wochen bei uns gewohnt hat. Ich kenne sie fast nur als Kapitänin auf großer Fahrt. In meinem Zimmer hängen mindestens hundert Ansichtskarten. Von überall, wo Mamas Schiff im Hafen liegt, schickt sie mir eine neue. Außerdem ruft sie an jedem zweiten Abend an, egal wo das Schiff sich gerade befindet. Wir telefonieren mit Skype, da können wir uns sogar sehen.

Zu Hause ist sie ganz selten. Nur wenn sie Urlaub hat. Aber spätestens nach drei Wochen wird sie kribbelig. Auf einmal kann man ihr nichts mehr recht machen und Papa sagt: „Wird Zeit, Hanna, dass du wieder auf dein Schiff kommst."

Nach dem schweigsamen Frühstück hole ich meinen Ranzen. Mein Vater und ich heben die rechte Hand und klatschen uns ab. Dann gehe ich los.

An der Ecke treffe ich Sofie und Marie und leider auch den blonden Elvis, dessen größtes Hobby Morris-Ärgern heißt. Der blonde Elvis wird so genannt, weil der echte Elvis, ein sehr berühmter Rocksänger, schwarze Haare hatte. Das weiß ich von meinem Vater. Er hat mir sogar ein paar Lieder von dem echten Elvis vorgespielt. Ehrlich gesagt ist das aber nicht mein Geschmack.

Meine Lieblingsband heißt eben „Sun of Africa". Die machen so fröhliche Musik, dass man gleich tanzen möchte.

Wie an jedem Morgen hält der blonde Elvis sich die Nase zu. „Boah, hier stinkt es nach Fisch! Bist du das, Morris Makrele?"

Und wie an jedem Morgen gebe ich keine Antwort. Elvis ist nämlich groß und stark. Seine Arme sehen aus, als könnte er damit Pfähle in den Boden rammen, ganz ohne Hammer. Wer schlau ist, legt sich mit so einem nicht an. Ich kann zwar schneller rennen als Elvis, aber was, wenn die Straße plötzlich zu Ende ist? Nee, das riskiere ich lieber nicht.

„Hast du mein Freundschaftsbuch dabei?", will Sofie wissen.

Ich nicke und ziehe das rosa Buch aus meiner Schultasche. Weil Sofie so neugierig ist, will sie sofort lesen, was ich geschrieben habe. Marie, ihre beste Freundin, ist genauso neugierig. Sie stellt sich auf die Zehenspitzen und linst über Sofies Schulter. Dann sagt sie: „Gold ist deine Lieblingsfarbe? Wieso Gold? Und was willst du werden? Held? Das ist doch kein Beruf!"

„Na klar ist das ein Beruf. Ein Held ist einer, der andere rettet, wenn sie in Not sind." Kaum zu glauben, dass dieses Mädchen nicht weiß, was ein Held ist.

„Du meinst wohl Polizist", sagt Marie und sieht mich dabei an, als wäre ich sechs Jahre alt und total bescheuert.

„Nö", sage ich. „Ich meine Held. Das steht da doch: *H-E-L-D*. Oder kannst du nicht lesen?" Da verplempert man den Sonntagnachmittag und schreibt in das blöde rosa Freundschaftsbuch. Und dann wird hinterher bloß gemeckert.

Jetzt fragt Sofie: „Und wieso hast du keinen Lieblingsfilm? Das gibt's nicht! Du hattest nur keine Lust nachzudenken."

Ich beschließe, gar nichts mehr zu sagen. Wozu auch? Marie und Sofie kapieren es sowieso nicht.

„Zeig mal, was die Makrele geschrieben hat." Der blonde Elvis schiebt Marie mit dem Ellenbogen zur Seite und guckt in das Buch. Er beginnt zu lachen. Dabei kiekst er ganz komisch. Beinahe so wie der echte Elvis beim Singen. „Dein Lieblingsessen ist Vanilleeis? Glaub ich nicht. Ich wette, du isst am liebsten Fisch, Morris Makrele!"

Besser als Frikadellen mit Senf, aber das sage ich vorsichtshalber nicht laut. Mein rotes Glücksbringer-Shirt liegt zu Hause im Schrank. Und meine Arme sind ziemlich dünn, damit kann ich gegen einen wie den blonden Elvis nicht viel ausrichten. Außerdem kann mir doch egal sein, was der von mir denkt.

Vor der Schule hält ein großes silberglänzendes Auto. Eine riesige dicke Frau steigt aus, Lillis Mutter. Sie ist so eine mächtige Erscheinung, dass man ihre Tochter glatt übersehen könnte. Dann ertönt die laute Stimme:

„Lillimaus, sei schön lieb in der Schule. Pass gut auf. Iss dein Pausenbrot! Geh gerade. Knöpf die Strickjacke zu. Bis heute Mittag. Warte auf dem Schulhof, bis ich dich abhole, hörst du? Und wenn was passiert, rufst du mich mit dem Handy an!"

Lillis Vater ist nicht dabei. Aber ich weiß, dass er noch größer und noch dicker ist als seine Frau. Mit seiner Stimme könnte er ein Fußballstadion beschallen. Ohne Mikrofon. Wie sind die beiden zu so einer winzig kleinen, leisen, wunderschönen Tochter gekommen?

Lilli huscht durch das Eingangstor und bleibt dann stehen. Vor der weißen Wand des Schulgebäudes wird sie in ihrem weißen Kleid beinahe unsichtbar. Morgens und in den Pausen steht sie immer dort. Vermutlich möchte Lilli nicht beachtet werden. Für einen Moment überlege ich, mich neben sie zu stellen. Aber wenn man so aussieht wie ich, fällt man vor einer weißen Wand besonders gut auf. Das würde Lilli bestimmt nicht gefallen. Außerdem klingelt es gerade zur ersten Stunde.

3. Kapitel

Die erste Lüge

Auch wenn Montage nicht leicht sind, gehe ich eigentlich gern zur Schule. Nicht dass ich unbedingt lernen will, was man da so lernt. Nein, der Grund sind zwei Personen: Die erste heißt Lilli. Die zweite Leonore Buchkamp. Frau Buchkamp ist meine Lehrerin. Außerdem ist sie mein Vorbild, weil sie eine wahre Heldin ist. Dabei sieht man ihr das gar nicht an, im Gegenteil: Frau Buchkamp ist mindestens so alt wie meine Oma, eine kleine dünne Frau mit grauen Kringellocken. Meist trägt sie gestreifte Kleider, grau mit weißen Streifen, blau mit weißen Streifen, schwarz mit weißen Streifen. Für besondere Tage hat sie ein besonderes Kleid, hellblau mit dicken roten Streifen. Aber die Streifenkleider sind es nicht, die sie zur Heldin machen. Auch nicht die Kringellocken, die gefallen mir nämlich überhaupt nicht. Nein, es ist der Blick, der Leonore-Buchkamp-Blick. Damit bringt sie mühelos eine ganze Schulklasse zum Schweigen.

Wie sie das macht, ist mir ein Rätsel. Aber es klappt einfach immer. Sobald Frau Buchkamp einmal in die Runde schaut, halten alle den Mund. Sogar der blonde Elvis.

Seit Wochen übe ich den Leonore-Buchkamp-Blick. Heimlich, vor dem Badezimmerspiegel. Dafür hebe ich genau wie meine Lehrerin die linke Augenbraue und lasse sie ganz langsam nach unten rutschen. Wichtig ist es, dabei keine Miene zu verziehen. Bei Frau Buchkamp reicht das, um fünfundzwanzig Schulkinder in Schach zu halten.

Bei mir kommt nur eine alberne Grimasse heraus. Vermutlich liegt es daran, dass zusammen mit der Augenbraue immer der linke Mundwinkel nach oben rutscht. Mir ist klar, dass keiner sich vor mir fürchten würde, wenn ich so schief gucke. Schon gar nicht der blonde Elvis. Ich muss also noch sehr viel üben.

„Guten Morgen", sagt Frau Buchkamp. „Ich hoffe, ihr hattet ein schönes Wochenende. Möchte jemand etwas erzählen?"

Diana meldet sich als Erste. Sie erzählt, dass die Katze ihrer Tante am Samstag Junge bekommen hat: vier kleine Katzenbabys. „Sie sehen aus wie bunte Zigarren und sie machen ganz komische Geräusche."

„Zigarren", grölt Elvis. Er kiekst wieder beim Lachen.

Ein einziger Blick von Frau Buchkamp lässt ihn verstummen. Elvis fällt in sich zusammen wie ein Luftballon, aus dem plötzlich die Luft entweicht. Oh Mann, wie ich Frau Buchkamp um diesen Blick beneide.

Später geht es um Berufe. Wir sollen alle Berufe aufzählen, die uns einfallen.

Schon wieder meldet sich Diana als Erste. „Mein Vater ist Elektriker. Er kann Geräte reparieren und Leitungen legen."

Jetzt wollen auch die anderen erzählen, was ihre Eltern von Beruf sind. Sofies Mutter ist Ärztin, Maries Vater arbeitet als Taxifahrer.

Sogar der blonde Elvis, der sich nie freiwillig meldet, hebt den Finger. „Mein Vater ist bei der Post. Er trägt Briefe und Pakete aus."

„Was macht dein Vater, Lilli?", will Frau Buchkamp wissen.

Wie immer, wenn sie angesprochen wird, reißt Lilli erschrocken die Augen auf, bleibt aber stumm. Wäre ich ein Held, würde ich sofort aufspringen und mich vor Lilli stellen. Ich würde brüllen: „Lassen Sie meine Freundin in Ruhe! Die möchte nicht reden!" Aber ich bin kein Held und darum schweige ich.

„Bestimmt verdient er viel Geld. Ihr habt doch so ein großes Auto", sagt Diana. „Ist er Bankdirektor?"

Lilli nickt dankbar und flüstert: „Ja, Bankdirektor."

Jetzt dreht Frau Buchkamp sich zu mir um. Sie trägt übrigens das graue Kleid mit den weißen Streifen. „Morris, erzähl uns, was dein Vater von Beruf ist."

„Schiffskoch."

„Schiffskoch!", grölt der blonde Elvis. „Ihr habt doch gar kein Schiff. Du spinnst ja." Leider ist Frau Buchkamp nicht schnell genug mit ihrem Blick. Bevor sie ihn zum Verstummen bringt, kann der blonde Elvis noch rufen: „Dein Vater verkauft Fische! Darum riechst du auch immer so eklig, Morris Makrele."

Zum Glück meldet sich jetzt Jonathan. „Mein Vater ist bei der Kriminalpolizei. Da jagt er Verbrecher und Mörder. Er hat sogar eine echte Pistole."

Auf einmal wird es richtig laut im Klassenraum. Alle wollen wissen, ob Jonathans Vater die Pistole auch zu Hause trägt. Und ob er schon mal einen Mörder verhaftet hat. Keiner denkt mehr an mich und meinen Schiffskoch-Vater. Erleichtert atme ich aus.

Mein Glück ist nicht von langer Dauer. Nachdem es zur Pause geklingelt hat, folgt mir Elvis auf den Hof.

Im Schlepptau hat er Sofie und Marie. Elvis umkreist mich, fuchtelt mit den Fäusten in der Luft herum und macht kleine Trippelschritte, wie ein Boxer. Dabei ruft er so laut, dass jeder es hören muss: „Hey, Morris Makrele! Wie kann dein Vater Schiffskoch sein, wenn ihr kein Schiff habt? Und was macht eigentlich deine Mutter? Die hab ich noch nie gesehen. Hast du überhaupt eine Mutter?" Dann kiekst er wieder so albern beim Lachen.

„Klar hat er eine Mutter", sagt Sofie. „Jeder hat eine Mutter. Babys kommen aus dem Bauch ihrer Mütter. Oder glaubst du, Mo ist auf einem Baum gewachsen?"

Die anderen finden das komisch. Ich aber nicht. Natürlich habe ich eine Mutter, auch wenn sie meistens auf See ist. „Meine Mutter ist Kapitänin auf großer Fahrt." Warum hört meine Stimme sich an, als ob ich lügen würde? Ganz zittrig und dünn wie Pergamentpapier. So spricht doch kein Held. Entschlossen hole ich tief Luft und sehe Elvis an. Direkt in die Augen. „Eine Kapitänin ist immer unterwegs."

Leider kann man Elvis nicht so leicht beeindrucken. Er kiekst nur. Plötzlich gibt er mir einen Schubs. Ich falle um und lande direkt auf meinem Po. Alle lachen, bloß Lilli nicht. Die steht nicht weit entfernt vor der weißen Wand und sieht erschrocken aus.

„Du lügst. Es gibt keine weiblichen Kapitäne!", brüllt der blonde Elvis. „Nur Männer fahren zur See. Und die lassen sich nichts von einer Frau befehlen."

Mir ist gleich klar, dass ich den blonden Elvis nicht überzeugen kann. Der will mir nämlich nicht glauben. Ich stehe auf, klopfe den Dreck von der Hose und sage seelenruhig: „Stimmt. Meine Mutter ist gar keine Kapitänin. Die Wahrheit darf ich aber nicht verraten. Das wäre viel zu gefährlich. Lebensgefährlich." Und dabei versuche ich, den Leonore-Buchkamp-Blick aufzusetzen. Ganz cool, mit hochgezogener Augenbraue. Wie ein Held.

Insgeheim frage ich mich allerdings, warum ich so einen Quatsch erzähle. Rechne ich wirklich damit, dass der blonde Elvis das glaubt?

„Ich hab letztens einen Film geguckt", flüstert Sofie. „Über einen Mann. Er und seine Frau haben so getan, als wären sie ganz normale Leute. Aber in Wahrheit war er Geheimagent und ständig weg. Der konnte höchstens mal zu Hause anrufen. Niemand durfte wissen, wie er wirklich heißt und wo er wohnt. Damit seine Kinder nicht entführt werden."

Ihre Freundin Marie kennt den Film natürlich auch. Oder hat zumindest davon gehört. „Ist deine Mutter etwa Geheimagentin?"

Spätestens an dieser Stelle sollte ich wohl zugeben, dass ich gelogen habe. Ich sollte sagen, dass meine Mutter wirklich Kapitänin ist, auch wenn der blonde Elvis das nicht glauben will. Stattdessen sage ich: „Darüber darf ich nicht reden. Ich hab sowieso schon viel zu viel verraten."

Dann drehe ich mich um und stolziere Richtung Klettergerüst, ganz langsam, so als könne niemand auf der Welt mir etwas anhaben. Im Augenwinkel sehe ich, dass Lilli lächelt. Und auf einmal fühle ich mich wirklich wie ein Held. Wie Mo, der Held.

4. Kapitel

Die Lüge wächst fast von selbst

Zu unserem Haus gehört ein winziger Garten, in dem es gerade mal Platz für einen Apfelbaum, ein Kräuterbeet und eine Sitzbank gibt. Mit den Äpfeln backt Papa den besten Apfelkuchen der Welt, die Kräuter braucht er zum Kochen und die Bank ist einfach nur zum Sitzen da.

In der direkten Nachbarschaft stehen vier Hochhäuser, riesengroß und schmal wie Türme. Ein bisschen sehen sie aus wie Wächter, die auf das kleine Haus in ihrer Mitte aufpassen. Deshalb habe ich auch keine Angst, wenn ich allein zu Hause bleiben muss, weil Papa mit seiner Band irgendwo spielt.

Nach der Schule gehe ich sofort in mein Zimmer. Ich setze mich aufs Bett und starre die Postkarten an, die meine Mutter geschickt hat. Ich fange sogar an, sie zu zählen, aber bei einundfünfzig höre ich wieder auf. Ich fühle mich ganz komisch. Wie einer, der mitten auf einem zugefrorenen Teich steht und genau weiß: Die Eisdecke ist so dünn, dass er jeden Moment einbrechen muss. Ich nehme mir fest vor, gleich am nächsten Tag die Wahrheit über meine Mutter zu sagen.

Spätestens am übernächsten. Wenn das Eis überhaupt so lange hält.

Mein Papa ruft mich. Das ist gut, ich mag nicht mehr allein sein mit meinen Gedanken. Mittags esse ich immer nebenan im Imbiss, der zu Papas Laden gehört. Unter einem Fischernetz mit künstlichen Muscheln und Seesternen stehen drei braun gestrichene Tische mit Bänken. Manchmal bin ich der Einzige, der dort sitzt, so wie heute. Meistens sind aber Gäste da. Oma Mettmann, die gleich hinter den Hochhäusern wohnt und am liebsten Kartoffelsalat und Backfisch mag. Oder Hubert, der Müllmann, der immer zwei

Brötchen mit Rollmops bestellt, und dazu ein großes Glas Cola.

An diesem Montag habe ich Hunger für zwei. Ich begutachte die Fischfrikadelle, die Papa auf meinen Teller gelegt hat, und weiß schon, dass ich davon nicht satt werden kann.

„Was ist los mit dir, Mo?", wundert sich mein Vater, als ich nach einer zweiten Frikadelle frage. „War es so anstrengend in der Schule?"

Ich zucke mit den Schultern und bin froh, dass ich mit vollem Mund nicht sprechen darf. Was los ist? Ich habe behauptet, dass meine Mutter eine Geheimagentin ist, wie in einem Kinofilm.

Aber war es überhaupt so? Nein. Das mit der Geheimagentin haben doch Sofie und Marie erfunden. Ich selbst habe nur gesagt, dass ich nichts verraten darf, mehr nicht.

Wie lange es wohl dauert, bis alles ans Tageslicht kommt? Irgendeiner wird diese Lüge entlarven. Der blonde Elvis zum Beispiel, obwohl ich den nicht für sehr klug halte. Diana dagegen ist ziemlich pfiffig. Sofie und Marie auch, außerdem sind sie zu zweit. Zwei Gehirne kriegen bestimmt mehr raus als eins. Ich könnte eine Wette mit mir selbst abschließen, wer mich am Ende überführt. Das will ich aber nicht. Ich will überhaupt nicht darüber nachdenken. Ich will nur hier sitzen, unter dem Fischernetz mit den Muscheln, die genauso falsch sind wie die Geschichte über meine Mutter, und eine zweite Fischfrikadelle essen.

Um drei stehen plötzlich Sofie und Marie im Laden. Sie gucken meinen Vater an, als wären sie ihm noch nie im Leben begegnet. Oder als hätten sie gerade erst entdeckt, dass er aus Afrika kommt und ganz anders aussieht als sie selbst. Aber das ist natürlich Blödsinn.

„Hallo, Herr Makehle", sagt Sofie und vergisst, den Mund wieder zu schließen.

Bevor Papa antworten kann, klingelt sein Handy. „Was? Wann? Zwanzig Uhr? Okay, Treffpunkt wie immer. Nee, um die Schießbude brauchst du dir keine Gedanken zu machen, hab alles repariert."

Mir ist gleich klar, dass es um die Band geht. Mit Schießbude ist das Schlagzeug gemeint. Sofie und Marie wissen das aber nicht. Für sie hört sich das Gespräch hochgeheim an. Bei Schießbude denken sie bestimmt an Waffen. Jedenfalls stößt Sofie ihre Freundin Marie in die Seite und nickt vielsagend.

„Hallo, Sofie", sagt Papa jetzt. „Willst du Fisch kaufen? Seeaal haben wir ganz frisch. Ich könnte dir ein leckeres Rezept für deine Mutter mitgeben. Hab ich heute Morgen ausgedruckt. Seeaal mit Ananassoße."

„Nein, wir wollen nur Mo besuchen." Sofie sieht mich beschwörend an. „Können wir in dein Zimmer?"

Auf gar keinen Fall, will ich rufen. Mit den beiden allein zu sein ist das Letzte, was ich möchte. Doch da hat mein Vater schon gesagt: „Klar, geht mal. Da habt ihr mehr Ruhe."

Mist. Aber vielleicht ist das genau die richtige Gelegenheit, um die Wahrheit zu sagen.

In meinem Zimmer bestaunen Marie und Sofie die Postkarten.

„Die sind von meiner Mutter", erkläre ich. „Sie ist nämlich wirklich Kapitänin. Da kommt man rum in der Welt."

Sofie lacht albern. „Das Lügen kannst du dir sparen, Mo. Wir wissen jetzt Bescheid." Und dann sagt sie noch: „Ich an deiner Stelle hätte das nicht erzählt. Das ist viel zu gefährlich … Wir können natürlich schweigen." Sie wirft Marie einen Blick zu und die nickt wie wild. „Aber Elvis hätte ich das nie im Leben verraten."

„Ja, aber sie ist doch wirklich Kapitänin", stammle ich. „Ganz ehrlich."

„Klar!" Marie lacht und lässt sich aufs Bett plumpsen. „Für die anderen ist sie Kapitänin. Aber wir kennen die Wahrheit." Sie sieht mich an, ernst und feierlich, fast wie Frau Buchkamp. „Keine Sorge, Mo, wir verraten nichts. Bei uns ist dein Geheimnis gut aufgehoben." Mit dem Finger streicht sie über meine Bettdecke. „Schön."

„Stammt aus Afrika." Ich bin verwirrt. Was soll ich jetzt tun?

„Wir sind eigentlich gekommen, um mit deinem Vater zu reden", sagt Marie. „Wir wollten ihn fragen, ob deine Mutter wirklich Geheimagentin ist. Aber dann haben wir uns nicht getraut."

Vor Schreck erstarre ich und stottere: „Das geht auch nicht. Wenn Papa hört, dass ich euch das erzählt hab …" Ich breche ab, weil mir nicht einfällt, was mein Vater tun würde. Doch zu meiner Überraschung brauche ich mir gar nichts auszudenken.

Das übernimmt Marie: „Da wäre er sauer, klar. Wenn eure Tarnung auffliegt, müsst ihr untertauchen. Dann wäre Schluss mit dem harmlosen Fischgeschäft und den leckeren Rezepten, die er immer für seine Kundschaft ausdruckt."

Sofie nickt vielsagend. „Stimmt. Das war in dem Film auch so. Die ganze Familie musste bei Nacht und Nebel abhauen. Die Kinder haben geheult und das Mädchen hat in der Aufregung seine Puppe vergessen."

Ich frage mich, was Sofie für Filme sehen darf. Sie ist doch erst zehn, genau wie ich. Mein Vater ist der netteste Papa auf der ganzen Welt. Aber Erwachsenenfilme lässt er mich nicht gucken.

Marie überlegt. Dabei kaut sie auf ihrem Daumen herum. „Wo ist deine Mutter gerade?"

„Das darf Mo doch nicht verraten." Sofie wirft ihrer Freundin einen empörten Blick zu. „Hast du denn nicht zugehört? Alles ist streng geheim. Davon hängt praktisch ihr Leben ab."

Unglaublich, jetzt nehmen die beiden mir das Lügen schon wieder ab. Ich brauche nur zuzuhören und mir alles zu merken.

„Kommt deine Mutter wirklich nie nach Hause?", will Marie wissen. „Das ist ja schrecklich."

Ich schlucke und mache ein trauriges Gesicht. „Na ja, manchmal schon. Aber das darf dann keiner wissen."

Das scheint die beiden zu beruhigen. „Da freust du dich bestimmt immer riesig", sagt Sofie und lächelt.

Und so geht die Geschichte weiter, ganz von selbst. Das Eis unter meinen Füßen wird dicker. Vielleicht trägt es mich doch. Irgendwann klingelt Sofies Handy, sie soll nach Hause kommen. Marie begleitet sie natürlich. Als die beiden weg sind, atme ich auf.

5. Kapitel

Ein seltsamer Zufall

Der nächste Tag beginnt ganz normal. An der Ecke warten Marie, Sofie und der blonde Elvis. Wie an jedem Morgen hält er sich die Nase zu. „Boah, hier stinkt es nach Fisch! Bist du das, Morris Makrele?"

Wie immer gebe ich keine Antwort.

Vor der Schule hält wie immer das silberne Auto an der Straße. Lilli läuft zum Tor, begleitet von der Stimme ihrer Mutter: „Pass gut auf dich auf, Lilli-maus! Vergiss nicht wieder, dein Pausenbrot zu essen. Geh nicht ohne Jacke raus, es ist heute kälter als gestern. Warte auf dem Schulhof, bis ich dich abhole. Und ruf mich an, wenn etwas passiert!"

Wie immer trägt Lilli ein weißes Kleid. Wie immer stellt sie sich vor die weiße Wand und wird dort beinahe unsichtbar.

Aber dann entscheidet sich der Tag, ein besonderer zu werden. Der blonde Elvis guckt mich prüfend an. „Ich hab gestern in den Nachrichten gesehen, dass ein paar Terroristen verhaftet wurden, in Amsterdam. Da waren Leute vom Geheimdienst, glaub ich. Die trugen schwarze Masken, damit niemand sie erkennen kann.

Es gab eine wilde Schießerei und Verletzte. War deine Mutter auch dabei, Makrele?"

Ehe ich antworten kann, sagt Sofie voller Empörung: „Das darf er doch nicht verraten, du Hirni."

Und Elvis, der blonde Elvis, der sich sonst von keinem was gefallen lässt, gibt sich damit zufrieden. Hirni, das hätte ich mal zu ihm sagen sollen. Er wird sogar verlegen, holt sein Handy raus und tippt wild darauf herum.

Und das ist nur die erste Überraschung, die dieser Tag für mich bereithält. Als ich aus der Schule komme, sitzt im Imbiss nämlich meine Mutter am Tisch. Ihr Schiff ist in einen Sturm geraten. Dabei ist sie an Deck gestürzt und hat sich den rechten Arm gebrochen. Er steckt in einem Gips.

„Hallo, mein Bärchen." Sie nimmt mich in die Arme, oder besser gesagt in den einen, gesunden Arm, den linken. „Guck dir das an." Sie hält den eingegipsten Arm hoch. „Damit kann ich überhaupt nichts machen. Nur rumsitzen."

Zur Feier des Tages hat Papa ein Gericht aus Kenia zubereitet: Fisch und dazu in Kokosmilch gekochten Reis mit Koriander. Lecker! Oma Mettmann, die eigentlich Kartoffelsalat und Backfisch essen wollte, bekommt auch eine Portion. Und sie ist begeistert: „Köstlich, Herr Makehle. Das können Sie öfter kochen."

Anschließend soll ich meine Hausaufgaben machen. Meine Mutter ist ganz anders als mein Vater, bei ihr muss immer alles sofort erledigt werden. Diskutieren kommt gar nicht infrage. Wenn sie „Sofort!" sagt, meint sie das auch.

„Das liegt an Mamas Beruf", hat Papa mir mal erklärt. „Auf See sind die Sitten rau. Da hat der Kapitän das Sagen und sonst keiner. Widerstand gegen den Kapitän ist Meuterei und wird bestraft. Wenn sie hier ist, sind wir beide ihre Matrosen."

Meine Mutter findet, dass meine Hose zu kurz ist und das T-Shirt schon viel zu verwaschen. „Jim, wie lässt du denn mein Bärchen rumlaufen? Das sieht ja unmöglich aus!"

Gleich nachdem die Hausaufgaben erledigt sind, muss ich mit ihr einkaufen gehen. Unterwegs treffen wir den blonden Elvis, der kurzerhand das Atmen vergisst, als ihm klar wird, dass er meiner Mutter gegenübersteht. Er starrt sie an, als wäre sie eine Fata Morgana. Eigentlich starrt er nur auf ihren Gipsarm. Ich weiß sofort, dass ich auch am nächsten Tag nicht die Wahrheit über meine Mutter sagen werde. Der gebrochene Arm und die Sache in Amsterdam, das passt einfach zu perfekt.

Nachdem ich mir ein Paar Schuhe aussuchen durfte, bekomme ich noch drei neue Jeans und fünf T-Shirts. Das, was ich mir am meisten wünsche, bekomme ich allerdings nicht: ein Handy. Meine Mutter findet, dass ein Zehnjähriger kein Handy braucht. Dass Sofie, der blonde Elvis und sogar Lilli eins haben, ist ihr ganz egal. Eine Kapitänin weiß immer alles besser. Wir machen uns auf den Rückweg. Meine Mutter fühlt sich müde, ihr Arm tut weh und sie will ein bisschen schlafen.

Ich habe auch etwas vor, und zwar zu dem Haus zu gehen, in dem Lilli wohnt. Die Adresse kenne ich ja aus Sofies Freundschaftsbuch. Lilli wohnt in derselben Straße wie ich. Sie könnte sehr gut zu Fuß zur Schule gehen. Warum ihre Mutter sie wohl jeden Tag mit dem Auto bringt und abholt?

Ich stecke einen Schokoriegel in den Mund, dann mache ich mich auf den Weg.

Steinstraße 77. Das Haus ist schneeweiß und riesengroß. Da könnte eine Fußballmannschaft drin wohnen.

Oder sogar eine ganze Schulklasse. Aber Lillis Eltern sind ja auch riesige Leute, die brauchen einfach Platz.

Eine Weile beobachte ich das Haus. Niemand ist zu sehen, schon gar nicht Lilli. Schade. Nachdem ich lange genug auf das Grundstück gestarrt habe, gehe ich wieder nach Hause.

Abends gibt es noch mal etwas Afrikanisches zu essen: einen Fisch, der Tilapia heißt. Papa hat ihn mit viel Gemüse im Ofen gegart.

„Wo warst du?", möchte meine Mutter wissen.

„Bin nur so durch die Gegend gelaufen." Auweia, schon wieder eine Lüge. Was ist eigentlich mit mir los?

In dieser Nacht träume ich von Lilli. Ich singe ihr ein Lied vor, mit meiner hellen Glockenstimme, und Lilli malt für mich ein Bild mit lauter bunten Schmetterlingen.

6. Kapitel

Jetzt wird es richtig unheimlich

Der nächste Morgen ist wirklich anstrengend. Das liegt daran, dass ich beim Frühstück sehr viel reden muss. Meine Mutter hält friedliches Schweigen nicht aus. Sie redet pausenlos und will tausend Sachen wissen. Mir bleibt nichts anderes übrig, als fünfhundertmal zu antworten. Die anderen fünfhundert Fragen sind an meinen Vater gerichtet. Ich bin völlig erschöpft, als ich mich auf den Schulweg mache.

Der blonde Elvis stellt die übliche Frage und ich reagiere, wie üblich, nicht.

Dann allerdings sagt Elvis: „Sei ehrlich, deine Mutter war in Amsterdam dabei. Sie wurde angeschossen. Darum ist ihr Arm verbunden."

Wenn ich jetzt nichts sage, sondern nur mit den Schultern zucke, ist das keine richtige Lüge, finde ich. Also mache ich das so. Sofie und Marie und sogar der blonde Elvis staunen.

„Und dein Vater?", wispert Sofie. „Ist der auch beim Geheimdienst?"

„Klar", antwortet Marie für mich und erzählt Elvis von dem Handygespräch, das die beiden vorgestern im

Laden gehört haben. „Er hat gesagt, mit dem Schieß-
eisen ist alles in Ordnung. Das hat er wieder repariert."

Dem blonden Elvis klappt der Unterkiefer runter.
„Echt? Boah!"

Nun ja, in Wahrheit hat Papa gesagt, dass er seine
Schießbude, also das Schlagzeug, repariert hat. Aber
ich verzichte auf eine Klarstellung. Das hier ist schließlich Maries Lüge, nicht meine. Für die Lügen anderer
Leute fühle ich mich nicht verantwortlich.

Und das mit der Schussverletzung hat der blonde
Elvis erfunden. Das kann mir auch keiner zum Vor-
wurf machen. Oder doch? Ach, ich weiß es nicht. Jetzt
hält der silberne Wagen an der Straße. Lilli steigt aus
und plötzlich ist alles andere egal.

Am nächsten Tag habe ich mich schon beinahe an den Gedanken gewöhnt, dass ich der Sohn von zwei Geheimagenten bin. Geheimagenten sind nämlich Helden. Und als Sohn von zwei Agenten bin ich ganz automatisch selbst ein Held. So wie der Sohn von einem König später auch König wird. Das gefällt mir.

Wie üblich treffe ich an der Ecke Sofie, Marie und den blonden Elvis. Und der wirkt total aufgeregt. Er vergisst sogar seine übliche Frage. Das ist noch nie vorgekommen. „Hey, Makrele, ich hab dir wahrscheinlich das Leben gerettet. Du schuldest mir was." Er hält mir die ausgestreckte Hand hin. So, als müsse ich etwas hineinlegen. Zehn Euro oder eine Tüte Bonbons.

„Hä?" Ich kapiere gerade gar nichts.

Der blonde Elvis nickt mit wichtiger Miene. „Gestern Nachmittag ist hier ein schwarzer Bus mit getönten Scheiben durch die Gegend gefahren. Am Steuer saß ein Typ mit Sonnenbrille. Der hat nach euch gefragt. Also genauer gesagt nach deinem Vater. Ich hab ihn ans andere Ende der Stadt geschickt."

Ein schwarzes Auto, getönte Scheiben, ein Mann mit Sonnenbrille – das hört sich unheimlich an. Marie und Sofie finden das auch. Jedenfalls umklammert Marie ängstlich die Hand ihrer Freundin. Sofie verzieht das Gesicht, als ob sie gleich losheulen wird. „Oh nein", jammert sie. „Das war bestimmt ein feindlicher Agent. Mensch, Mo, geh bloß nirgends mehr allein hin."

„Genau." Elvis stellt sich breitbeinig und mit geballten Fäusten in Position. „Du solltest zu Hause bleiben und alle Türen verrammeln."

„Komm, wir nehmen dich in die Mitte." Ehe ich etwas dagegen tun kann, haken Marie und Sofie mich unter, eine rechts, eine links.

Das sieht ganz schön albern aus. Jetzt hält auch noch das große Silberauto an der Straße und Lilli steigt aus. Was die wohl denkt? Hoffentlich nicht, dass ich zwei Freundinnen gleichzeitig habe.

Zu Hause verschwinde ich sofort in mein Zimmer. Ich muss nachdenken. Über alles. Aber daraus wird nichts, weil die Kapitänin mich ruft: „Mo? Komm mal runter in die Küche. Hier hat wohl der Klabautermann sein Unwesen getrieben? Das geht so nicht. Da muss einer klar Schiff machen."

Wer dieser eine sein soll, ist ja logisch. Mama mit ihrem Gipsarm sicher nicht. Und Papa auch nicht, der steht im Laden und verkauft Fisch. Da bleibt nur einer übrig.

„Och, Mama, ich hab keine Lust", maule ich, als sie mir den Besen in die Hand drücken will.

„Du wirst ja wohl nicht meutern, was?"

Alles klar, Widerstand zwecklos, darauf lässt eine Kapitänin sich nicht ein. Mit langem Gesicht schnappe ich mir den Besen und fege die Küche. Auch unter dem Tisch und in den Ecken. Schummeln gibt es bei Kapitänin Makehle nämlich nicht.

Danach darf ich raus. Ich beschließe, dem Spielplatz einen Besuch abzustatten, bevor meine Mutter mir einen neuen Arbeitsauftrag erteilen kann.

Sofie ist da, Marie nicht, dafür aber der blonde Elvis. Die beiden hocken auf dem Rand des Sandkastens und teilen sich eine Tüte Zitronenbonbons.

„Boah, hier stinkt es nach Fisch! Bist du das, Morris Makrele?" Der blonde Elvis hält sich die Nase zu.

Ich schweige.

Sofie kichert, dann hält sie mir die Tüte mit den Bonbons hin. „Willst du?"

Gerade, als ich zugreifen will, reißt der blonde Elvis mich an meinem T-Shirt runter auf den Boden. „Verstecken", keucht er.

„Bist du blöd?", kreischt Sofie. „Jetzt liegen die ganzen Bonbons im Dreck!"

Elvis zeigt zur Straße. Wir sehen gerade noch die Rücklichter von einem schwarzen VW-Bus. „Da war er wieder."

„Hilfe, der sucht dich", flüstert Sofie.

Auf einmal fühle ich mich wirklich bedroht. Mein Herz trommelt wie verrückt und meine Füße sind eiskalt. Kann es sein, dass Lügen plötzlich wahr werden? Nein, meine Eltern sind keine Geheimagenten. Also kann der Mann in dem dunklen Bus mich gar nicht suchen. Ich stehe auf, klopfe den Sand von meiner Hose und sage: „Na und? Ich hab keine Angst. Soll er doch kommen."

Dass ich so mutig bin, hätte Sofie nie gedacht. Der blonde Elvis schon gar nicht. Die beiden sehen mich bewundernd an. Sie wissen ja nicht, dass alles Lüge ist. Fast alles. Dass ich keine Angst vor dem Mann in dem schwarzen Bus habe, stimmt.

„Ich geh da jetzt hin und frag, was er will", verkünde ich mit fester Stimme.

Der blonde Elvis versucht mich aufzuhalten, doch ich reiße mich mit einer heftigen Bewegung los. Einen wahren Helden kann man nämlich nicht aufhalten. Aber bevor ich den Bürgersteig erreiche, ist der Bus schon um die Ecke gefahren.

„Der will zu euch", flüstert Sofie.

„Kann sein. Ich geh mal nach Hause und guck, was da los ist. Bis morgen in der Schule", entgegne ich.

Der blonde Elvis überlegt, dann sagt er: „Ich komm mit. Vielleicht brauchst du Hilfe. Ich bin stärker als du."

Dagegen kann ich nichts sagen. Der blonde Elvis ist stärker. „Wenn du willst."

Sofie geht lieber nach Hause. Bestimmt ruft sie auf dem Heimweg Marie an und erzählt ihrer Freundin, wie mutig ich bin.

Unterwegs fällt mir auf, dass der blonde Elvis immer langsamer wird. Vor lauter Unsicherheit lacht er und kiekst dabei und kratzt sich hinter den Ohren. Der hat richtig Angst, das gefällt mir. Ich beschleunige meine Schritte und fühle mich wie ein Held, der kaum erwarten kann, dass das Abenteuer beginnt.

Der schwarze VW-Bus steht tatsächlich vor unserem Fischladen. Ein Mann in einem dunklen Anzug holt gerade einen Gitarrenkoffer heraus. Er trägt eine verspiegelte Sonnenbrille, wie ein Geheimagent. Aber er ist keiner. Oder doch? Irgendwie sieht er wirklich unheimlich aus.

Der blonde Elvis greift nach meinem Arm. „Wir verstecken uns erst mal und warten ab."

So entspannt wie möglich sage ich: „Ich geh rein und frag, was der von uns will. Du wartest hier. Besser, du begibst dich nicht auch noch in Gefahr."

Der blonde Elvis nickt. „Wenn du in zehn Minuten nicht zurückkommst, rufe ich die Polizei." Er zieht sein Handy aus der Hosentasche. Seine Hand zittert.

Lässig winke ich ab. „Die glauben dir sowieso kein Wort. Mir passiert schon nichts." Dann marschiere ich mit hocherhobenem Kopf in den Fischladen.

„Hallo, Mo", begrüßt mich mein Vater. Zu dem Mann, der ohne Sonnenbrille ganz harmlos wirkt, sagt er: „Das ist mein Sohn Morris. Und das hier ist Fred Hühne. Er möchte in unserer Band mitspielen. Als zweiter Gitarrist." Er lächelt den Mann freundlich an. „Wie gesagt, das kann ich nicht allein entscheiden. Komm doch Samstagabend zur Probe. Jetzt hab ich leider keine Zeit mehr."

Die beiden schütteln sich die Hände. Der Fremde setzt die Sonnenbrille auf, bückt sich nach seinem Gitarrenkoffer und geht. Bimmelimm, macht die Ladenglocke. Durch die Tür beobachte ich, wie Fred Hühne in den schwarzen Bus steigt und losfährt.

„Ich hab noch was vergessen." Damit gehe ich ebenfalls aus dem Laden.

Der blonde Elvis ist mittlerweile aus seinem Versteck hinter unserem Zaun gekrochen. „Und?"

„Kein Problem, mit so einem Anfänger werden meine Eltern jederzeit fertig. Mein Vater hat ihm klargemacht, dass er spätestens morgen die Stadt verlassen muss. Sonst kann er was erleben", sage ich und gucke möglichst großspurig aus der Wäsche. Wie ein wahrer Held. Cool.

„War da eine Waffe in dem Koffer?", will Elvis noch wissen.

„Logisch, was denn sonst?", sage ich lässig.

7. Kapitel

Eine geheimnisvolle Blondine

Der nächste Tag beginnt mit einer Riesenüberraschung. Als wir uns wie immer morgens an der Ecke treffen, sagen Marie und Sofie: „Hallo." Und der blonde Elvis, und das ist einfach unglaublich, sagt auch nur: „Hallo, Mo." Kein Wort, dass es nach Fisch stinkt. Er nennt mich nicht mal Makrele. Nichts davon. Bloß: Hallo, Mo. Ich fasse es nicht.

Diesen Tag sollte ich wohl rot im Kalender anstreichen. Marie und Sofie fällt das gar nicht auf. Komisch. Sie wollen wissen, ob der Mann in dem schwarzen Auto wirklich ein feindlicher Agent war.

„Ja", sage ich. „Aber kein Problem, mein Vater hat dafür gesorgt, dass er verschwindet."

Elvis nickt mit wichtiger Miene, als wäre er bei dem Gespräch im Fischladen dabei gewesen. War er zum Glück nicht. Sonst wüsste er jetzt, dass Fred Hühne zwar gefährlich aussieht, doch in Wirklichkeit nur ein harmloser Gitarrenspieler ist. Und ich wäre für die anderen kein Held, sondern ein Lügner.

Vor der Schule hält das Silberauto und Lilli steigt aus. Ihre Mutter bringt sie heute sogar bis an die Tür.

Wenn Lilli erfährt, dass ich ein Lügner bin, wird sie kein Wort mehr mit mir reden. Was für eine schreckliche Vorstellung! Mir fällt ein, dass Lilli sowieso noch nie ein Wort mit mir geredet hat. Also bliebe alles, wie es ist. Das beruhigt mich ein bisschen.

In der Pause soll ich den anderen etwas über Fred Hühne erzählen. Ich überlege ein paar Minuten, dann denke ich mir eine Geschichte aus. Nämlich dass Fred Hühne aus Amerika kommt. Und dass er schleunigst zurückfliegt, aus Angst vor meinen Eltern. Weil die beiden weltberühmte Geheimagenten sind. Ich finde, das ist eine sehr gute Lügengeschichte. Dem blonden Elvis, Marie und Sofie hat sie jedenfalls gefallen.

Nachdem ich gegessen und meine Hausaufgaben erledigt habe, gehe ich wieder zu dem Haus, in dem Lilli wohnt. Vielleicht spielt sie heute im Garten. Oder sie steht am Fenster, entdeckt mich auf dem Bürgersteig und kommt raus, um sich mit mir zu unterhalten. Sie könnte mir auch ein Glas Limo anbieten, oder ein Eis. Einfach nur, weil es so heiß ist. Oder weil sie mich nett findet. Mensch, das wäre echt schön. Leider muss ich mir aber eingestehen, dass das nicht sehr wahrscheinlich ist. Immerhin sind wir in derselben Klasse. Lilli hätte den ganzen Vormittag Zeit, mit mir zu reden.

Ich will gerade nach Hause gehen, als neben mir ein rotes Auto anhält, ein richtiger Sportwagen. Die Eisenpforte öffnet sich wie von Geisterhand. Das Auto fährt durch und die Pforte schließt sich wieder. Die Fahrerin hat lange blonde Haare. Sie steigt aus, kommt zurück zum Zaun und sieht mich unfreundlich an. „Was willst du hier?"

„Ich, ähem, ich, also …", stottere ich. Dann fange ich noch mal von vorn an: „Ich möchte gern Lilli besuchen. Wir gehen in eine Klasse."

„Lilli?" Unwillig schüttelt die Frau den Kopf. „Kenne ich nicht. Hier wohnt keine Lilli." Sie dreht sich um und lässt mich einfach stehen.

Darum hört sie auch nicht, dass ich leise sage: „Doch, natürlich wohnt Lilli hier. Die Adresse steht in Sofies Freundschaftsbuch."

Auf dem Rückweg überlege ich mir, was das für eine Frau gewesen ist. Unfreundlich wie eine Gewitterhexe und genauso hellblond wie Lilli. Vielleicht ihre große Schwester? Wie man hört, können große Schwestern ziemlich ätzend sein. Ich weiß das nicht, ich habe ja keine Geschwister.

Die Frau hat behauptet, dass sie keine Lilli kennt. Am besten wäre es, wenn ich noch mal einen Blick in Sofies Freundschaftsbuch werfen könnte. Vielleicht habe ich aus Versehen eine falsche Adresse abgeschrieben.

Beim Abendessen träume ich vor mich hin.

„Hey, Bärchen", sagt meine Mutter. „Wird das heute noch was mit dir und dem Matjesbrötchen? Papa und ich sind längst fertig."

Sie hat schon wieder diesen Kapitän-Befehlston drauf. Also kaue ich schneller, bis das Brötchen in meinem Bauch verschwunden ist. Dann trinke ich ein großes Glas Apfelschorle, und danach noch ein zweites. Der Matjes ist so salzig, dass man einen Riesendurst davon kriegt.

Als ich fertig bin, spielen wir Karten. Es macht aber wenig Spaß, weil die Kapitänin immer gewinnt. Ich gehe freiwillig ins Bett, obwohl Wochenende ist, kann allerdings nicht schlafen. Vielleicht, weil es so warm ist in meinem Zimmer. Oder weil die Apfelschorle in meinem Bauch gluckert. Oder weil ich die ganze Zeit an Lilli denken muss. Oder weil ich einen guten Grund brauche, um noch mal in Sofies Freundschaftsbuch zu gucken. Ohne dass die anderen ahnen, warum. Aber das muss bis Montag warten.

8. Kapitel

Ich werde zum Superlügner

„Sofie? Ich brauch noch mal dein Freundschaftsbuch."
Bettelnd blinzle ich Sofie an. Dass ich das Buch brauche, ist wenigstens mal keine Lüge.

„Warum?", will Sofie wissen.

Jetzt muss ich doch wieder lügen. „Weil mir ein
Lieblingsfilm eingefallen ist. Den will ich noch reinschreiben."

Sofie sieht nicht aus, als ob sie mir glauben würde.
Aber sie verspricht, das Buch am nächsten Tag mit in
die Schule zu bringen. Leider ist morgen viel zu spät.
So lange halte ich es nicht aus.

Ich setze ein Lächeln auf. „Kann ich es heute Nachmittag bei dir abholen?"

Sofie und Marie wechseln einen fragenden Blick, dann
zucken sie gleichzeitig mit den Schultern. Marie fragt:
„Hast du Angst, dass du den Film wieder vergisst?"

„Ja, genau."

„Welcher ist es denn?"

„Sag ich nicht." In Wirklichkeit habe ich keine
Ahnung, welcher mein Lieblingsfilm sein könnte. Dafür
muss ich erst in der Fernsehzeitschrift blättern.

„Du bist ja komisch", sagt Sofie und ich kann ihr nicht mal widersprechen. „Okay, um halb drei, vorher darf ich keinen Besuch haben."

In Sofies Zimmer merkt man gleich, dass hier ein Mädchen wohnt. Alles ist rosa oder lila. Überall hängen Pferdebilder.

Sofie holt das Buch aus ihrer Schreibtischschublade. „Bitte. Willst du es echt mitnehmen? Du kannst doch gleich hier reinschreiben."

Genau das kann ich nicht. Weil ich noch gar nicht in der Fernsehzeitschrift nachgesehen habe. „Nee, das mach ich lieber ganz in Ruhe. Sonst verschreibe ich mich. Du willst ja bestimmt nicht, dass ich tausendmal durchstreiche."

Zögernd reicht Sofie mir das Buch. „Meinetwegen. Aber morgen brauch ich es zurück. Nicht, dass du es wieder ewig behältst."

„Versprochen."

„Was macht deine Mutter? Ist die Schussverletzung schlimm?", will Sofie wissen.

„Geht schon. Ist nur blöd, dass es der rechte Arm ist. Jetzt muss ich immer die Küche fegen und so."

„Echt? Das ist ja wirklich doof. Soll ich mal kommen und dir helfen?"

Nee, bloß das nicht. „Das erlaubt meine Mutter nicht", sage ich schnell. „Sie ist ziemlich vorsichtig."

„Du meinst, sie könnte mich für eine Geheimagentin halten?"

„Quatsch. Wenn Mama zu Hause ist, können bei uns jederzeit feindliche Agenten auftauchen. So wie der Typ mit dem schwarzen VW-Bus. Man weiß nie, wann das passiert. Deshalb soll ich möglichst keinen Besuch haben." Und plötzlich habe ich noch eine großartige Idee: „Ich krieg auch kein Handy, weil unsere Feinde mich sonst überall ausfindig machen könnten."

Am liebsten würde ich mir selbst auf die Schulter klopfen. Kaum zu glauben, was für Superlügen mir neuerdings einfallen. Einfach so, ohne dass ich lange nachdenken muss.

Sofie jedenfalls ist schwer beeindruckt. Ihre Augen sind so groß und rund wie zwei blaue Glasmurmeln. „Dann komm ich lieber nicht." Sie verknotet ihre Finger, überlegt kurz und sagt: „Du, Mo, wenn du mal nicht in der Schule bist … Müssen wir da die Polizei anrufen? Damit sie euch retten?"

Ach du Schreck. Ich stelle mir vor, mit Husten und Schnupfen im Bett zu liegen. Und plötzlich kommen Polizisten, vielleicht sogar Leute vom Geheimdienst, und stürmen unser Haus. „Nee", sage ich schnell. „Die können uns auch nicht helfen. Wenn was passiert, sind Mamas Kollegen zur Stelle. Die stehen immer in Verbindung."

Bald darauf verabschiede ich mich. Es ist anstrengend, ständig zu lügen. Außerdem will ich jetzt unbedingt einen Blick in das Freundschaftsbuch werfen.

Zu Hause stelle ich fest, dass die Adresse stimmt. Lilli wohnt in der weißen Villa mit der Nummer 77. Aber warum behauptet die Frau, Lilli nicht zu kennen?

Vor dem Abendessen gehe ich noch mal zu Lillis Haus. Sie ist nicht zu sehen. Niemand ist zu sehen. Aber die Garage steht offen. Darin sind zwei Autos: das rote, mit dem die Frau neulich gefahren ist, und ein schwarzes. Keine Spur von dem großen Silberschlitten, mit dem Lilli immer zur Schule gebracht wird. In der Garage wäre auch gar kein Platz für ein drittes Auto. Komisch.

Abends muss ich mir noch einen Lieblingsfilm ausdenken. Ich blättere einfach in der Fernsehzeitschrift, bis ich ein Bild finde, das mir gefällt. Der Film heißt „Auf der Jagd nach dem Monster".

9. Kapitel

Mein großer Auftritt

„So was darfst du gucken?" Sofie schüttelt erstaunt den Kopf, als sie den Titel meines Lieblingsfilms liest. „Das ist doch bestimmt ein Gruselfilm."

Ich nicke. Daran, dass der blonde Elvis mich nicht mehr Makrele nennt, habe ich mich schon beinahe gewöhnt. Anstatt mich zu ärgern, will er jetzt morgens immer wissen, ob es Neuigkeiten gibt. Dann druckse ich ein bisschen herum und behaupte, dass ich nichts verraten darf. Aber weil er mir keine Ruhe lässt, denke ich mir schließlich doch etwas aus. Nur Kleinigkeiten. Dass meine Mutter einen Anruf aus Russland bekommen hat oder so.

An der Straße hält das silberne Auto, Lilli steigt aus. Sie huscht zum Schultor.

„Lillimaus!", ruft ihre Mutter. „Lass bitte die Strickjacke an. Es ist noch ziemlich kühl. Und ruf mich an, wenn etwas passiert!"

Lilli beschleunigt ihre Schritte, als wollte sie vor der lauten Stimme ihrer Mutter davonlaufen.

In der letzten Stunde habe ich eine Idee, eine fantastische Geheimagentenidee. Leider muss ich schon wieder lügen. Ich melde mich. „Frau Buchkamp, ich hab schlimme Bauchschmerzen." Dabei mache ich ein leidendes Gesicht und halte beide Hände dorthin, wo sich meiner Meinung nach der Magen befindet.

„Ach du meine Güte. Hast du etwas Falsches gegessen, Morris?"

„Iiih!", kreischt eines der Mädchen. „Hoffentlich kotzt er nicht, dann wird mir auch schlecht!"

Dafür hat meine Lehrerin nur ihren Leonore-Buchkamp-Blick übrig. Das Mädchen verstummt auf der Stelle.

„Keine Ahnung", flüstere ich. „Kann ich vielleicht nach Hause gehen?"

„Ja, natürlich. Soll jemand dich begleiten? Oder soll ich deine Eltern informieren?"

„Nicht nötig. Ich laufe langsam, ist ja nicht weit."

„In Ordnung, Morris."

Solange Frau Buchkamp mich noch durch das Fenster sehen kann, achte ich darauf, mich ganz langsam und vorsichtig zu bewegen. So, als täte mir wirklich der Bauch weh. Aber kaum, dass ich den Schulhof verlassen habe, renne ich los. Direkt zu Lillis Haus. Dort verstecke ich mich hinter einer Tanne auf dem Nachbargrundstück. Die Zeit vergeht. Auf dem Bürgersteig laufen Schulkinder, also ist der Unterricht jetzt vorbei. Doch es kommt kein silbernes Auto. Irgendwann muss ich nach Hause, damit meine Eltern sich keine Sorgen machen. Kann es sein, dass Lilli sich in dem Buch verschrieben hat? Aber sie muss doch ihre eigene Adresse kennen, oder?

Am nächsten Morgen lüge ich schon wieder: „Du, Mama, ich muss heute eine halbe Stunde eher in der Schule sein. Wir stellen die Tische in unserem Klassenzimmer um. Frau Buchkamp hat gefragt, wer freiwillig helfen will. Da hab ich mich gemeldet."

Freiwillig und helfen, das sind zwei Worte, die meiner Mutter gefallen. Ich darf also los. Allerdings gehe ich nicht zur Schule, sondern zu dem weißen Haus. Vielleicht waren Lilli und ihre Mutter gestern nach dem Unterricht noch einkaufen, habe ich mir inzwischen überlegt. Aber morgens vor der Schule haben sie bestimmt nichts vor. Wenn Lilli in dem Haus wohnt, muss sie innerhalb der nächsten halben Stunde rauskommen. Ich warte und warte und warte. Lilli kommt aber nicht.

Dafür bin ich zehn Minuten zu spät in der Schule. Es folgt die nächste Lüge: „Wir haben verschlafen", behaupte ich und setze ein bekümmertes Gesicht auf.

Frau Buchkamp schimpft überhaupt nicht. „Ich dachte schon, du bist ernsthaft krank, Morris. Was macht der Bauch?"

„Tut gar nicht mehr weh." Ich bin richtig froh, ausnahmsweise mal die Wahrheit sagen zu können.

Lilli sitzt auf ihrem Platz. Scheinbar wohnt sie echt nicht in dem weißen Haus. Aber warum hat sie gelogen? Das wüsste ich wirklich gern.

10. Kapitel

Ende. Aus. Alles kommt raus

———————————

Es macht keinen Spaß mehr, Morris Dingiswayo Makehle zu sein. Jeden Morgen muss ich mir neue Lügengeschichten ausdenken. Es wundert mich, dass mir überhaupt noch was einfällt. Am liebsten würde ich die Wahrheit sagen, damit alles wie früher ist. Ja, ich fände es richtig gut, wenn der blonde Elvis mich wieder Makrele nennen würde. Meinetwegen könnte er sich sogar die Nase zuhalten und behaupten, dass ich nach Fisch stinke. Das würde mir nichts ausmachen.

Zu Hause ist es auch nicht mehr gemütlich. Meine Mutter hat ständig schlechte Laune. Immer findet sie einen Grund zum Meckern. Sie hat eine Firma bestellt, die alle Fensterrahmen neu streichen soll, von innen und außen. Papa wollte das nicht. Er findet, dass die alte Farbe noch schön aussieht. Ich finde das auch. Natürlich hat Kapitänin Hanna Makehle sich durchgesetzt: Die Rahmen werden hellgrau gestrichen.

Mich kommandiert sie von morgens bis abends herum. Deshalb bin ich richtig froh, wenn ich zur Schule muss. Aber wenn ich erst einmal da bin, möchte ich doch am liebsten wieder nach Hause.

Als ich auf dem Heimweg mit gesenktem Kopf neben Marie, Sofie und dem blonden Elvis hertrotte, hält plötzlich ein Auto am Straßenrand. Ein schwarzer Bulli mit getönten Scheiben. Das Beifahrerfenster geht runter. Fred Hühne!

„Ich werd verrückt", stöhnt der blonde Elvis. „Das ist er, der Agent aus Amerika. Der ist gar nicht nach Hause geflogen. Los, nichts wie weg!" Er greift nach meinem Arm.

Genau in diesem Augenblick sagt Marie strahlend: „Hallo, Onkel Fred. Was machst du denn hier?" Und dann erklärt sie uns, dass Fred Hühne der Bruder ihrer Mutter ist. Schlimmer noch, sie steigt in den Wagen und lässt sich nach Hause fahren. Sofie nimmt sie natürlich mit. Zurück bleiben der blonde Elvis und ich.

Obwohl ich finde, dass Elvis nicht der Klügste ist, kapiert er sofort: „Du hast uns angelogen."

„Na ja", muss ich zugeben. „Ein bisschen vielleicht. Weißt du, eigentlich habt ihr damit angefangen ..." Mehr kann ich nicht sagen, weil der blonde Elvis seine Schultasche auf den Boden wirft, die Ärmel seiner Jacke hochschiebt und die Fäuste ballt. Der will mich verhauen!

Ich drehe mich um und renne um mein Leben. Wie der Blitz. Schneller als ein Hochgeschwindigkeitszug und zum Glück auch schneller als Elvis. Zu Hause reiße ich die Ladentür auf und verstecke mich hinter meinem

Vater. Aber das ist gar nicht nötig. Elvis kommt nicht herein. Er steht draußen vor dem Schaufenster, drückt sein Gesicht gegen die Scheibe und stiert mich böse an. Sehr böse. Ein Wunder, dass das Glas davon nicht kaputtgeht.

Mir wird ganz komisch. Gerade fällt mir nämlich etwas ein: Morgen muss ich wieder zur Schule, übermorgen auch, jeden Tag in dieser Woche. Ich glaube nicht, dass es mir gelingen wird, immer vor dem blonden Elvis davonzulaufen. Irgendwann kriegt er mich. Und dann … oje.

Ich möchte krank sein. So krank, dass ich jahrelang nicht zur Schule kann. Vielleicht sollte ich mich von der Treppe stürzen und mir beide Beine brechen. Oder mitten im Winter nackt durch den Garten laufen, damit ich eine schwere Grippe kriege. Aber wir haben gerade keinen Winter. Außerdem: Ganz nackt traue ich mich sowieso nicht vor die Tür. Es könnte mich ja jemand beobachten. Lilli zum Beispiel. Lilli. Das kann ich jetzt auch vergessen. Niemand will mit einem Lügner befreundet sein. Und der blonde Elvis wird schon dafür sorgen, dass alle es erfahren.

„Hey, Bärchen", sagt meine Mutter beim Abendessen. „Du siehst so traurig aus. Was ist los?"

Die Wahrheit kann ich nicht verraten. Das würde eine Kapitänin nicht verstehen. „Die graue Farbe stinkt so", behaupte ich stattdessen. Die Farbe riecht wirklich fies. Wir müssen Tag und Nacht lüften, damit wir nicht krank werden. Am besten mache ich einfach das Fenster in meinem Zimmer zu. Vielleicht kriege ich dann keine Luft mehr und muss ins Krankenhaus.

Papa sagt gar nichts dazu. Er spricht mich auch nicht auf den Vorfall mit dem blonden Elvis an.

An diesem Abend frage ich, ob Papa an mein Bett kommt und mir etwas vorsingt. Das macht er, wenn ich traurig bin oder krank. Oder wenn ich etwas loswerden muss, so wie heute. Mein Papa ist nämlich der einzige Mensch auf der Welt, dem ich alles erzählen kann, wirklich alles. Weil er nie böse wird.

Papa setzt sich auf die Bettkante. Er kann gleichzeitig leise summen, zuhören und lächeln. Und meine Hand festhalten.

„Was soll ich jetzt bloß tun?", jammere ich, als ich mit dem Erzählen fertig bin. „Kann ich nicht sagen, dass jemand mich hypnotisiert hat? Oder dass der Fisch schlecht war und ich Halluzinationen gekriegt hab?"

Papa lacht so laut und fröhlich, dass ich mitlachen muss, obwohl ich lieber weinen würde. Dann sagt er: „Nein, Morris, einen Brand kann man nicht mit Feuer löschen. Und eine Lüge kann man nicht mit einer neuen Lüge ungeschehen machen. Sei mutig und sag die Wahrheit."

Sei mutig, das hört sich so einfach an. Nur Helden sind mutig. Ich bin aber kein Held. Oder doch? Ich kann es ja mal versuchen.

11. Kapitel

Meine Rettung heißt Fred

Beim Frühstück kriege ich keinen Bissen runter. Mir ist schlecht vor Angst. Ich stelle mir vor, wie der blonde Elvis mich windelweich prügelt. Sofie und Marie stehen daneben und feuern ihn an. Vielleicht sollte ich ein Sofakissen unter mein T-Shirt stecken, damit es nicht so wehtut.

Nein, ich will doch ein Held sein. Ein Held trägt keine Sofakissen unter dem T-Shirt.

Als ich an der Ecke ankomme, wo wir uns immer treffen, schlägt mein Herz wie verrückt. Niemand ist da. Soll ich vorgehen? Das wäre feige. Nein, ich warte. Und warte. Und warte. Keiner taucht auf. Jetzt muss ich los, sonst schaffe ich es nicht mehr rechtzeitig vor dem Klingeln.

Auf dem Schulhof stelle ich fest, dass die anderen schon da sind. Bei meinem Anblick drehen sie sich sofort weg.

In der Pause machen Marie, Sofie und der blonde Elvis einen großen Bogen um mich, als würde ich wirklich nach Fisch stinken. Komisch fühlt sich das an. Immerhin verhaut Elvis mich nicht. Keiner kümmert sich um mich. Ich hätte genauso gut zu Hause bleiben können. Vielleicht sollte ich mich einfach neben Lilli stellen. Als ich in ihre Richtung gehe, wird sie vor Schreck ganz rot. Sie sieht aus wie ein rosa Gänseblümchen im Schnee. Ich kehre wieder um. Lilli will auch nichts mit mir zu tun haben.

Nach der Schule laufen Sofie, Marie und der blonde Elvis zwei Meter vor mir. Sie drehen sich kein einziges Mal um. Marie verteilt Zitronenbonbons. Mein Mund wird trocken, weil ich auch ein Bonbon lutschen will. Genau so muss es sich anfühlen, wenn man in der Wüste ist und kein Wasser abbekommt. Ich bleibe stehen und sehe zu, wie sie immer kleiner werden. Bis sie ganz verschwinden.

Da hält neben mir ein schwarzer VW-Bus. „Hallo, Mo", sagt Fred Hühne. „Soll ich dich mitnehmen? Ich würde gern mit dir reden."

Im Auto weiß ich nicht so recht, was ich sagen soll. Fred Hühne hat mich noch nie mitgenommen. Mir fällt auf, dass er in seinem Bulli mal aufräumen müsste. Echt, wenn das meine Mutter sehen würde. Fred trommelt mit den Fingern aufs Lenkrad. Das macht mich nervös. Ich finde, man sollte die Hände beim Autofahren nicht zum Musikmachen benutzen.

Vielleicht merkt Fred, dass ich die ganze Zeit auf seine Hände starre. Oder er kann Gedanken lesen.

Jedenfalls hört er auf mit dem Trommeln und umklammert das Lenkrad mit beiden Händen. „Du, Mo, ich möchte dir ein Geschäft vorschlagen."

Hä?! Was soll das denn bedeuten? Ein Geschäft? Ist Fred Hühne wirklich ein Geheimagent? Soll ich einen Auftrag für ihn erledigen, vielleicht jemanden beschatten? Warum nicht? Ich gucke ihn neugierig an.

„Ich hab gehört, dass du Ärger mit deinen Freunden hast. Marie hat es mir gestern erzählt. Da hast du dir ja eine verrückte Geschichte ausgedacht." Zuerst lacht er, dann zieht er die Stirn in Falten. „Ich glaube, ich

könnte dir helfen. Marie mag mich nämlich ziemlich gern. Wenn ich mit ihr rede, wird sie sich bestimmt mit dir vertragen."

„Echt?", flüstere ich. „Das wäre wirklich toll."

„Ja, ich hab allerdings auch ein Problem. Ein Problem, bei dem *du* mir helfen könntest."

„Klar, mach ich gern."

Das scheint Fred zu freuen. Jedenfalls trommeln seine Finger jetzt wieder aufs Lenkrad, fast, als wollten sie tanzen. „Pass auf. Ich will euch alle drei einladen. Deinen Papa, deine Mama und dich. Am Sonntag, zu meinem Geburtstag."

„Ist doch nicht schlimm", finde ich.

„Wie man es nimmt." Fred hört auf zu trommeln. „Ich wohne nicht so wie ihr."

„Du meinst, du hast keinen Fischladen?"

Er lacht. „Nee, ich meine, dass ich in keinem Haus wohne. Und in keiner Wohnung. Sondern auf dem Campingplatz."

Ich stelle mir vor, wie Fred Hühne abends in sein Zelt kriecht und sofort stellt sich mir eine Frage: „Auch im Winter, wenn es kalt ist? Bei Schnee?"

Er nickt. „Ich hab da einen alten Wohnwagen stehen, mit einer Gasheizung. Das ist die billigste Art zu leben."

Dass einer in einem Wohnwagen schläft, kenne ich bloß aus dem Urlaub. Nein, stimmt nicht. Die Leute vom Zirkus und vom Jahrmarkt leben auch in Wohnwagen. Das sind richtige Häuser mit allem Drum und Dran. Nur, dass man sie bewegen kann, was ja nicht unpraktisch ist. Wenn man sich mit allen gezankt hat, kann man einfach in die nächste Stadt fahren und sich neue Freunde suchen.

Fred Hühne lächelt mich an. „Du, Mo, ich hab die ganze Band eingeladen. Ich möchte gern, dass wir da spielen. Umsonst. Die Leute, die auf dem Platz wohnen, haben wenig Geld, die können sich keine Konzertkarten leisten. Aber sie haben es verdient, auch mal gute Musik zu hören. Wenn wir gleich bei euch sind … Könntest du sagen, dass du die Idee supertoll findest? Jim ist bestimmt einverstanden. Deine Mutter aber vermutlich nicht."

Ich ahne genau dasselbe. Wenn Mama zu Hause ist, hätte sie am liebsten, dass Papa gar nicht mit „Sun of Africa" auftritt. Und wenn er schon einen Auftritt hat, soll er zumindest nicht am Sonntag sein. Der Sonntag ist der einzige Tag in der Woche, an dem der Laden geschlossen ist. Unser Familientag, jedenfalls wenn Mama nicht zur See fährt. Ein Auftritt, für den es kein Geld gibt, und dann auch noch an einem Sonntag – das wird ihr nicht gefallen.

„Ich werde mein Bestes tun", verspreche ich feierlich. Und ich meine es ganz ernst.

Wie erwartet gefällt meiner Mutter die Idee mit dem Umsonstkonzert am Sonntag überhaupt nicht. Sie sieht Fred Hühne an, als würde sie ihn am liebsten sofort wieder aus der Tür schieben. „Also wirklich, Fred. Das ist nicht dein Ernst. Gerade, weil du dir scheinbar keine richtige Wohnung leisten kannst, solltest du nicht mal im Traum daran denken, ohne Bezahlung aufzutreten."

„Ich fänd das super, Mama! Der Campingplatz ist toll, vor allem für Kinder. Da gibt es Spielgeräte und so. Wir könnten das Konzert mit einem Familienausflug verbinden. Bitte, Mama, bitte!", rufe ich dazwischen. Dazu setze ich mein allerschönstes Bärchen-Gesicht auf.

„Mir gefällt die Idee auch. Die Leute freuen sich ganz bestimmt, Hanna", sagt Papa. „Ich bin dabei, Fred. Hast du schon mit den anderen Bandmitgliedern gesprochen?"

Natürlich lässt meine Mutter sich nicht so einfach übergehen. Das ist eine Kapitänin nicht gewohnt. „Hast du nicht gehört, Jim? Das kommt nicht infrage."

„Liebe Hanna, ich bin nicht dein Matrose. Du hast deinen Beruf und ich hab den Laden und die Band. Wenn ich ohne Bezahlung auf dem Campingplatz spielen möchte, dann mach ich das auch." Papa lächelt freundlich und Mama wird rot. An manchen Tagen ist mein Vater ein Held, der sich von keinem Menschen auf der Welt etwas befehlen lässt, nicht mal von der Kapitänin. Heute ist so ein Tag.

12. Kapitel

Ein Nachmittag voller Überraschungen

Die Sonne scheint. Vielleicht, weil in dem Wort Sonntag Sonne vorkommt. Oder weil Fred Hühne heute Geburtstag hat. Meine Mutter hat sich damit abgefunden, dass das Konzert stattfindet. Wir fahren gleich nach dem Mittagessen los.

Der Campingplatz heißt „Waldfrieden" und liegt am Stadtrand. Wir brauchen eine halbe Stunde mit dem Auto.

„Waldfrieden klingt nach Friedhof", sagt meine Mutter und rümpft die Nase. Papa und ich grinsen uns an und sagen nichts.

Auf dem Platz leben nur Leute wie Fred Hühne. Leute, die sich keine andere Wohnung leisten können. Urlauber gibt es nicht. Die meisten Wohnwagen wirken alt und heruntergekommen.

„Ach du großer Gott", stöhnt meine Mutter. „Wo sind wir denn hier gelandet?"

Fred Hühnes Wohnwagen ist genauso schwarz wie sein Bulli. Weil es darin zu eng ist für so viele Leute, hat Fred draußen den Tisch gedeckt. Es gibt Kaffee und Erdbeerkuchen. Und Saft für mich.

„Nachher kannst du dich ja mal umsehen, Mo", sagt Fred. „Hier wohnen auch Kinder. Die sind sehr nett."

Ehrlich gesagt bin ich nicht der Typ, der fremde Kinder einfach anquatscht. Helden sind nämlich Einzelgänger. Aber ich nicke und tue so, als würde ich mich schon darauf freuen. Ich weiß nicht, ob es am schönen Wetter liegt oder daran, dass alle Leute gute Laune haben. Jedenfalls ist meine Mutter plötzlich ganz fröhlich. Wir stellen das schmutzige Geschirr zusammen und tragen es zum Waschhaus.

„Wir kümmern uns um den Abwasch", sagt meine Mutter und lacht. „Wie früher im Urlaub. Da sind wir immer mit dem Wohnwagen an die Ostsee gefahren." Wegen dem Gipsarm muss ich spülen, aber Mama steht daneben, kontrolliert meine Arbeit fast gar nicht und erzählt mir Geschichten aus ihrer Kindheit.

Danach bauen die Bandmitglieder ihre Instrumente auf. Mama setzt sich auf einen Stuhl und guckt zu. Und ich laufe tatsächlich ein bisschen zwischen den Wohnwagen herum. Sonst habe ich ja nichts zu tun.

Zuerst fällt mir eine Wäscheleine mit weißen Kleidern und Strümpfen auf. Dann entdecke ich das silberne Auto, das neben einem Wohnwagen steht. Zuletzt starre ich Lilli an, die auf einem Klappstuhl sitzt und ein Buch liest. Sie trägt hochgekrempelte Jeans und ein gelbes T-Shirt mit grünen Punkten. Beinahe hätte ich sie nicht erkannt.

Als würde sie meine Blicke spüren, hebt Lilli den
Kopf und sieht mich an. Vor Schreck wird sie dunkel-
rot. Ich selbst auch. Das merkt man aber nicht, weil ich
ja braune Haut habe. Es fühlt sich an, als hätte ich
plötzlich Fieber. Lilli wohnt bei Fred Hühne auf dem
Campingplatz, zwischen lauter armen Leuten. Dabei
ist ihr Vater doch Bankdirektor … Ich drehe mich um
und renne zurück.

„Papa", keuche ich, weil ich vom schnellen Rennen so aus der Puste bin. „Verdienen Bankdirektoren viel Geld?"

„Auf jeden Fall. Wieso? Willst du später Bankdirektor werden?" Er trommelt sich schon warm und der gleichmäßige Takt beruhigt mich ein bisschen.

„Mal sehen." Wenn jemand viel Geld verdient, wohnt er nicht in einem Wohnwagen. Logisch. Also wird Lilli nur zu Besuch sein. Warum bin ich nicht gleich darauf gekommen? Ich gehe zurück. Lilli sitzt nicht mehr auf dem Stuhl. Aber die weiße Wäsche hängt noch auf der Leine. Und ich erkenne die Kleider, die Lilli immer in der Schule trägt. Wenn man irgendwo zu Besuch ist, wäscht man dort keine Wäsche. Ich renne wieder zu den anderen.

Fred Hühne stimmt gerade seine Gitarre. Ich frage ihn, ob er alle Leute kennt, die auf dem Campingplatz wohnen.

„Klar, sind ja nicht so viele."

„Kennst du auch Lilli? Die Eltern fahren ein silbernes Auto."

„Lilli? Natürlich. Ein liebes Mädchen. Die Eltern hatten früher eine große Druckerei. Leider ist der Laden pleitegegangen. Die Familie hat nicht nur die Firma, sondern auch ihr Haus verloren. Jetzt müssen sie hier wohnen. Alles, was denen von früher geblieben ist, ist der silberne Mercedes."

Ich möchte heulen. Oder zurückgehen und Lilli zur Rede stellen. Aber ich mache nichts von beidem, sondern setze mich nur hin und knibble am Saum meines T-Shirts, bis meine Mutter sagt: „Mo, hör auf damit, das geht doch kaputt."

Am liebsten würde ich sagen, dass ich gerade sehr gern etwas kaputt machen würde. Mein T-Shirt oder eine Tasse oder die Scheibe von Fred Hühnes schwarzem Bulli oder am besten das Silberauto, mit dem Lilli immer zur Schule gefahren wird. Meine Mutter würde das aber nicht verstehen.

Jetzt fängt die Musik an. Laut und fröhlich. Innerhalb von wenigen Minuten füllt sich der Platz mit Menschen. Die Lieder gefallen ihnen, sie lachen und klatschen in die Hände. Lilli und ihre Eltern sehe ich nicht. Vielleicht mögen sie keine Musik. Oder Lilli hofft, dass ich sie nicht erkannt habe. Keine Ahnung. Ich bin jedenfalls froh, dass sie nicht gekommen ist.

Einige Leute tanzen. Meine Mutter auch, der Gipsarm scheint sie gar nicht zu stören. Sie hat richtig gute Laune. Sie winkt, weil ich mit ihr tanzen soll. Aber danach ist mir überhaupt nicht zumute. Plötzlich entdecke ich Marie. Sie steht in der ersten Reihe und klatscht. Eigentlich klar, dass sie hier ist. Fred Hühne ist ja ihr Onkel. Ob er schon mit ihr geredet hat? Marie bemerkt mich jedenfalls nicht und das ist gut. Mein Mund fühlt sich an wie zugeklebt.

Die Band kriegt ganz viel Beifall. Sie müssen immer weiterspielen, bis bei Freds Gitarre zwei Saiten reißen. Da hören sie endlich auf.

Jetzt sieht Marie mich doch. „Hallo, Mo." Es klingt freundlich, als hätten wir uns nie gestritten.

Meine Mutter ist verschwitzt vom Tanzen. „Ach, war das schön. Am liebsten würde ich noch bleiben", sagt sie zu Fred. „Aber Mo gehört längst ins Bett."

Im Auto fragt Papa, warum ich so schweigsam bin.

„Mein Bauch tut weh", schwindle ich. Wenn ich mich ganz doll konzentriere, spüre ich wirklich eine Art Schmerz. Nicht im Bauch, sondern höher, dort wo das Herz sitzt. Ein brennendes Loch, so fühlt es sich an. Als wäre mein Herz verschwunden.

Ich gehe gleich ins Bett. Schlafen kann ich nicht. Ich nehme mir vor, morgen früh mit Lilli zu reden. Ja, ich werde sie fragen, warum niemand wissen darf, dass sie auf dem Campingplatz wohnt. Und wehe, sie behauptet dann, dass ihre Eltern Geheimagenten sind und dass sie sich verstecken müssen.

Bei der Gelegenheit fällt mir ein: Ich bin ja selbst ein Lügner. Als ich beinahe schon schlafe, beschließe ich, dass ich Lilli nicht verraten werde.

13. Kapitel

Bin ich doch ein Held?

Als ich zur Schule gehe, warten Sofie, Marie und der blonde Elvis an der Ecke. Die Mädchen sagen freundlich Hallo, so als wäre nichts gewesen. Der blonde Elvis guckt mich finster an.

Ich hole tief Luft. „Du willst mich verhauen, weil ich gelogen habe. Okay, mach." Ich schließe die Augen und warte. Und warte. Und warte. Nichts passiert.

Langsam öffne ich das rechte Auge. Der blonde Elvis steht immer noch da. Er sieht aus, als müsste er eine Matheaufgabe lösen, die er überhaupt nicht kapiert.

„Was ist?", frage ich.

„Pah, das macht doch keinen Spaß, du Blödi, wenn du dich nicht mal wehrst. Hab ich gar nicht nötig." Er rümpft die Nase. „Hier stinkt es gewaltig nach Fisch! Bist du das, Morris Makrele?"

Jetzt darf ich nichts sagen. Dabei würde ich am liebsten Danke rufen. Danke, dass alles so ist wie früher. Danke, Fred Hühne. Danke, Marie. Danke, Sofie. Danke, Elvis.

Wir laufen zusammen Richtung Schulhof. Sofie hat Gummibärchen dabei und jeder von uns darf mal in die Tüte greifen. Mit jedem Schritt klopft mein Herz schneller. Ich habe mir nämlich etwas vorgenommen: Ich werde zu Lilli gehen und ihr sagen, dass sie keine Angst haben muss. Ihr Geheimnis ist bei mir gut aufgehoben. Und dann werde ich ihr gestehen, dass ich auch ein Lügner bin. Wenn ich ganz mutig bin, sage ich noch, dass wir deshalb eigentlich gut zusammenpassen.

Ich starre auf die Straße und warte auf das silberne Auto. Es klingelt. Lilli kommt nicht zur Schule, zum ersten Mal, seit sie in unsere Klasse geht.

Frau Buchkamp merkt gleich, dass Lilli fehlt. Sie ist eine sehr aufmerksame Lehrerin. „Oh, Lilli ist scheinbar krank", sagt sie.

Krank? Das glaube ich nicht. Irgendwie bin ich mir sicher, dass Lilli sich nicht zur Schule traut. Aus Angst, ich könnte sie verraten. Das fühlt sich nicht gut an. Den ganzen Tag denke ich über Lilli nach. Als ich abends im Bett liege, fühle ich mich richtig krank.

Am nächsten Tag kommt Lilli wieder nicht zur Schule. Frau Buchkamp fragt, ob jemand ihr die Hausaufgaben bringen kann. Ohne nachzudenken melde ich mich. Alle sehen mich erstaunt an. Egal.

„Du weißt, wo Lilli wohnt?" Selbst Frau Buchkamp wirkt ein bisschen überrascht.

Ich nicke. Ich weiß, wo Lilli nicht wohnt, und auch, wo sie wirklich wohnt.

„Gut." Frau Buchkamp lächelt mich an. „Richte ihr schöne Grüße aus und sag ihrer Mutter, dass ich mich über einen Anruf freuen würde."

Auf dem Heimweg frage ich mich, wie ich das überhaupt anstellen soll. Allein an den Stadtrand fahren. Keine Ahnung.

Meine Mutter muss heute ins Krankenhaus. Der Gips wird abgenommen und ihr Arm wird geröntgt. Wenn sie Glück hat, braucht sie dann keinen Gips mehr.

„Was machst du heute Nachmittag?", will sie von mir wissen.

„Ich muss jemandem die Hausaufgaben bringen."

„Wem?" Typisch Mama, die ist so schrecklich neugierig.

„Geht in meine Klasse." Ist ja wohl logisch. Wem sollte ich sonst die Hausaufgaben bringen? Aber mehr sage ich trotzdem nicht.

„Okay. Aber sei pünktlich zu Hause."

14. Kapitel

Wir helfen Lilli

Alle Kinder, die in meine Klasse gehen, wohnen in der Nähe. Bis auf Lilli. Die wohnt auf dem Campingplatz. Und der ist ganz weit weg. Da darf ich nicht allein hin, das weiß ich. Trotzdem muss ich es tun. Ich werde mit dem Bus fahren und dafür einen Teil meines Taschengelds opfern.

Die Fahrt dauert eine Dreiviertelstunde, weil der Bus ständig anhält und darum länger braucht als unser Auto. Als ich aussteige, sind meine Knie so weich wie Pudding, Schokoladenpudding natürlich. Einen Moment denke ich darüber nach, mit dem nächsten Bus wieder zurückzufahren. Was soll ich denn sagen? Mir fallen die Hausaufgaben ein, die ich Lilli bringen muss. Dann marschiere ich einfach los.

Schon von Weitem erkenne ich, dass keine Wäsche mehr auf der Leine hängt. Es stehen keine Klappstühle vor dem Wohnwagen. Das Vordach ist auch verschwunden. Und der silberne Mercedes parkt direkt vor dem Wohnwagen, angekoppelt. Es sieht so aus, als ob sie wegfahren wollen! Ich renne, bis ich den Stellplatz erreiche.

„Hallo, Mo." Lilli steht plötzlich vor mir. Fast, als wäre sie vom Himmel gefallen.

„Lillimaus, wir müssen los!", ruft ihre Mutter.

Lilli schüttelt den Kopf. „Gleich." Und dann sagt sie zu mir: „Komm mit."

Wir verstecken uns hinter dem Wohnwagen von Fred Hühne, der ist nicht da.

„Ich bin so wütend", sagt Lilli. Ihre Stimme ist viel lauter, als ich sie mir vorgestellt habe.

„Warum?", frage ich.

„Meine Eltern wollen nicht, dass jemand weiß, dass wir auf dem Campingplatz wohnen. Sie schämen sich. Ich darf nicht darüber reden. Alle sollen denken, dass wir reich sind." Sie seufzt und wickelt einen Finger in ihre blonden Haare ein. „Immer lügen, das ist echt schwer. Man darf sich nie verplappern. Also sage ich meistens gar nichts. Wenn ich am Sonntag nicht erzählt hätte, dass ein Junge aus meiner Klasse mich hier entdeckt hat, würden wir nicht weiterziehen. Ich glaub, ich rede bald überhaupt nicht mehr. Mit niemandem, auch nicht mit meinen Eltern." Das klingt wirklich traurig.

So traurig, dass ich Lillis Hand in meine nehme. Eine dunkelbraune und eine weiße Hand, das sieht schön zusammen aus, finde ich. „Sag deinen Eltern, dass du nicht mehr lügen willst. Dagegen können sie nichts tun. Ist doch nicht schlimm, dass ihr hier wohnt.

Fred Hühne wohnt auch hier und der hat trotzdem viele Freunde."

Lilli seufzt. „Du kennst meine Eltern nicht. Die lassen sich nichts von mir sagen." Trotzig schiebt sie die Unterlippe vor. „Ich will nicht weg."

Jetzt würde ich Lilli gern meine Geschichte erzählen. Die mit den erfundenen Geheimagenten-Eltern. Aber dafür ist keine Zeit. Weil mir gerade eine Idee gekommen ist: „Lauf doch einfach weg. Ohne dich fahren sie bestimmt nicht los."

„Und wohin?"

„Erst mal mit dem Bus in die Stadt. Dann …" Mir fällt nichts ein. Deshalb sage ich: „Das überlegen wir uns unterwegs. Komm."

Wir rennen zur Bushaltestelle und wie durch ein Wunder hält genau in diesem Augenblick der Bus. Ich kaufe zwei Fahrkarten. Jetzt habe ich nur noch fünf Cent von meinem Taschengeld übrig. Egal. Ein Held braucht kein Geld. Und wenn doch, muss er sich was verdienen.

Wir setzen uns in die letzte Reihe. Lilli sieht nicht sehr glücklich aus. Ich glaube, sie bereut schon, dass sie eingestiegen ist. Aber der Bus fährt Richtung Stadt, daran lässt sich nichts ändern. Und ich? Ich habe ein schlechtes Gewissen. Weil mir absolut nicht einfallen will, wo Lilli sich verstecken könnte. Geld, damit sie wieder zurückfahren kann, habe ich auch nicht. Mist.

Eine Dreiviertelstunde lang schweigen wir. Es ist aber kein fröhliches Schweigen, so wie bei uns zu Hause am Frühstückstisch, wenn meine Mutter auf See ist. Eher ein trauriges Schweigen, das einem das Herz schwer macht und alle Worte verschluckt. Einmal klingelt Lillis Handy. Sie guckt auf das Display, schüttelt den Kopf und schaltet das Handy aus. Ich glaube, ihre Mutter hat angerufen, aber ich traue mich nicht zu fragen.

Schließlich steigen wir aus. „Du kannst mit zu mir kommen", sage ich, weil mir immer noch kein Versteck eingefallen ist. Außerdem muss Lilli ja auch was essen.

Und das ist bei uns umsonst. „Ich hoffe, du magst Fisch. Wir haben nämlich ein Fischgeschäft."

„Ich weiß", sagt Lilli.

Mein Vater freut sich, dass ich Besuch mitgebracht habe. Als ich frage, ob Lilli bei uns schlafen darf, ist er sofort einverstanden. „Klar, kein Problem."

Meine Mutter, die keinen Gips mehr trägt, hakt nach, ob Lillis Eltern nichts dagegen haben.

Wir tauschen einen Blick aus, zucken mit den Schultern und lügen gemeinsam: „Nö."

„Aber Lilli hat gar keine Schlafsachen dabei."

Typisch Kapitän, denke ich und bin wütend, dass meine Mutter immer alles ganz genau wissen will. „Macht doch nichts. Ich kann Lilli ja einen Schlafanzug leihen."

Unwillig verzieht meine Mutter das Gesicht. „Ja, das könntest du, Mo. Aber ich hab das Gefühl, Lillis Eltern wissen nichts davon, dass sie bei uns übernachten will. Stimmt das?"

Sie sieht nicht mich an, sondern Lilli, und die nickt zögernd.

„Dann bist du weggelaufen?" Jetzt klingt Mamas Stimme sehr viel freundlicher.

Als Lilli in Tränen ausbricht, reicht sie ihr ein Taschentuch. Sie nimmt Lilli sogar in den Arm. „Na, so schlimm kann es doch nicht sein." Und weil Mama echt nett zu ihr ist, erzählt Lilli schließlich alles. Von ihren Eltern, von dem Leben im Wohnwagen und davon, dass sie nicht darüber reden darf.

„Hört sich an, als wärst du ganz schön einsam", sagt Mama leise. Sie holt für Lilli und mich Fischbrötchen aus dem Laden. Während wir essen, beobachtet sie uns. Sie sieht überhaupt nicht mehr böse aus. Als die letzten Krümel verputzt sind, lächelt sie Lilli an. „Wir müssen dich natürlich zurückbringen. Aber vorher sollten wir deine Eltern anrufen, damit sie wissen, dass es dir gut geht. Sie machen sich bestimmt schreckliche Sorgen."

Lilli nickt. Sie holt ihr Handy aus der Tasche und stellt es wieder an. „Hallo, Mama, ich komm bald nach Hause … Nein, mir ist nichts passiert. Bis gleich."

Nachdem Papa den Laden geschlossen hat, fahren wir den ganzen Weg zum Campingplatz zurück, diesmal aber im Auto.

Lillis Eltern sind total aufgeregt. Stundenlang haben sie überall nach ihrer Tochter gesucht. Bei Lillis Anblick bricht ihre Mutter in Tränen aus. „Lillimaus, wo warst du denn? … Wir hatten solche Angst."

„Ich will nicht wieder umziehen", flüstert Lilli. Dann wird ihre Stimme lauter: „Ich will nicht immer lügen. Warum darf keiner wissen, dass wir in einem Wohnwagen leben? Warum darf ich nie Besuch haben?"

„Das ist doch nur zu deinem Besten, Lillimaus. Damit die Kinder dich nicht auslachen. Kinder können so grausam sein." Lillis Mutter holt ein weißes Taschentuch aus ihrer Jacke und wischt sich die Tränen ab.

Kinder können grausam sein. Damit kann sie bloß den blonden Elvis meinen. Ich bin jedenfalls nicht grausam. Sofie und Marie auch nicht. Nicht mal der blonde Elvis ist grausam, der tut nur so. Aber das weiß ja keiner.

Meine Mutter redet mit Lillis Eltern. Sie sagt, dass ein Kind Freunde braucht und ein Zuhause. Dass auch ein Wohnwagen ein Zuhause sein kann. Und außerdem noch, dass man nicht immer weglaufen darf. Weil sie eine Kapitänin ist und sehr überzeugend wirkt, hören Lillis Eltern die ganze Zeit zu.

Sie trauen sich nicht, etwas zu entgegnen. Höchstens: „Ja, stimmt schon." Oder: „Eigentlich haben Sie ja recht." Am Ende versprechen sie zu bleiben.

Papa und ich sind unglaublich stolz auf Kapitänin Hanna Makehle.

15. Kapitel

Das Ende

Sechs Wochen sind vergangen. Die Kapitänin ist wieder auf hoher See. Papa und ich brauchen morgens nicht mehr zu reden. Wir sitzen am Frühstückstisch und schweigen uns fröhlich an. Jeden Tag vor der Schule treffe ich mich mit Marie, Sofie und dem blonden Elvis. Der ist nicht mein bester Freund geworden. Allein schon wegen diesem blöden Spruch: „Hier stinkt es nach Fisch! Bist du das, Morris Makrele?" Aber mein Feind ist er auch nicht und ich habe überhaupt keine Angst vor ihm.

Lilli geht nicht mehr in meine Klasse. Sie ist vor drei Wochen weggezogen. In einen Ort, der Huckelriede heißt. Das liegt irgendwo bei Bremen, hat mein Papa gesagt. Wo Bremen liegt, weiß ich nicht genau. Weit weg, glaube ich. Lillis Vater hat eine Arbeit gefunden. Er ist jetzt Hausmeister in einem Altenheim. Lilli und ihre Eltern wohnen in der Hausmeisterwohnung. Sie hat geschrieben, dass sie ein eigenes Zimmer hat. Lilli schreibt mir nämlich Briefe. Ich schreibe ihr natürlich zurück. Das ist fast so, als wenn man miteinander redet. Bald habe ich Geburtstag und Papa hat versprochen, dass ich ein eigenes Handy bekomme. Darauf freue ich mich schon. Dann kann ich Lilli öfter mal anrufen und ihre Stimme hören.

Ich übe wieder jeden Tag den Leonore-Buchkamp-Blick. Es klappt jetzt ein bisschen besser. Manchmal sehe ich fast bedrohlich aus.

Für mein weiteres Leben habe ich mir fest vorgenommen, nicht mehr zu lügen. Am Ende kommt ja doch immer alles raus. Und das ist meistens verdammt peinlich.

Ein richtiger Held bin ich leider noch nicht. Ich arbeite aber daran. Gestern Nachmittag haben sich auf dem Spielplatz zwei Jungs geprügelt und ich bin einfach dazwischengegangen.

Oh, mir fällt gerade ein, dass ich ja bei der Wahrheit bleiben wollte. Ehrlich gesagt waren die beiden halb so groß wie ich. Kindergartenkinder. Besonders mutig war mein Einsatz also nicht. Trotzdem hat mir eine der Mütter Geld für ein Eis gegeben. Sie fand es toll, dass ich ihren Sohn gerettet habe.

Auch Helden fangen mal klein an.